基于公共服务均等化的苏北农村居民出行服务体系构建

朱艳茹　周凌云　著

东南大学出版社
SOUTHEAST UNIVERSITY PRESS
·南京·

内 容 摘 要

本专著主要介绍了公共服务均等化的相关理论及典型案例，并对苏北徐州、淮安、盐城、宿迁、连云港5市的典型县、乡、村农村居民出行的特征分析，同时又对苏北农村居民出行环境发展趋势进行了预测，再次对苏北农村居民出行需求与交通供给进行了均衡性分析，提出了建设苏北农村客运设施网络与出行信息服务系统，分析了苏北农村居民出行需求特性与交通供给运营特点，设计了农村客运的运营可持续发展的组织模式，探索了基于公共服务均等化的苏北农村居民出行服务体系构建及相应的政策措施。

本专著是以完成基于公共服务均等化的苏北农村居民出行服务体系研究(江苏省交通科学研究计划项目)为基础，并将研究成果在苏北部分镇村公交发展规划中得以运用，对完善苏北农村居民出行服务体系及促进城乡客运一体化发展具有现实意义，为相关政府部门实际工作提供了理论参考，适合从事城乡交通一体化发展的研究和具体工作人员参阅。

图书在版编目(CIP)数据

基于公共服务均等化的苏北农村居民出行服务体系构建 / 朱艳茹，周凌云著. — 南京 ：东南大学出版社，2016.12

ISBN 978-7-5641-7034-9

Ⅰ.①基… Ⅱ.①朱…②周… Ⅲ.①农村—交通运输建设—研究—江苏 Ⅳ.①F512.753

中国版本图书馆 CIP 数据核字(2017)第 024963 号

基于公共服务均等化的苏北农村居民出行服务体系构建

著　　者	朱艳茹　周凌云		
责任编辑	陈　跃(025－83795627)		
出版发行	东南大学出版社	**出 版 人**	江建中
地　　址	南京市四牌楼2号	**邮　　编**	210096
销售电话	(025－83794121/83795801)		
网　　址	http://www.seupress.com	**电子邮箱**	press@seupress.com
经　　销	全国各地新华书店	**印　　刷**	虎彩印艺股份有限公司
开　　本	787mm×1092mm　1/16	**印　　张**	7.75
字　　数	198千字		
版 印 次	2016年12月第1版　2016年12月第1次印刷		
书　　号	ISBN 978-7-5641-7034-9		
定　　价	25.00元		

＊本社图书若有印装质量问题，请直接与营销部联系。电话：025-83791830

前　言

至2015年底，我国城市化比率达52.28%，城镇化率已达56.1%，这也意味着还有6亿多人为乡村常住人口。解决好农业农村农民问题是重中之重，城乡发展一体化是解决“三农”问题的根本途径，这需要促进城乡要素平等交换和公共资源均衡配置。

苏北地区位处江苏北部，辖徐州、淮安、盐城、宿迁、连云港五市，共39个县（市、区）。苏北土地面积5.4万km^2，耕地面积467万ha，均占全省一半以上。苏北以占江苏全省一半的土地面积，占全省1/3强的人口，在江苏全省发展大局中占有举足轻重的位置。由于历史、基础等原因，苏北地区人口多、城镇化比率低、经济发展水平不高，加快苏北农村地区发展、促进苏北地区崛起、提高苏北地区经济社会发展水平，是实现江苏省全面建设小康社会目标的必然选择。

随着经济发展和新农村建设的推进，农村客运需求增长迅速。如何更好地为苏北地区广大农村居民做好出行服务与保障，已成为目前摆在我们面前亟待解决的一个问题。正确认识和科学构建苏北农村居民出行服务体系，加快实现江苏居民出行公共服务均等化，充分发挥公共服务在苏北社会经济当中的作用，促进苏北农村发展，构建城乡和谐、建设小康社会无疑有着十分重要的里程碑式的意义。

本书获得淮阴工学院、江苏省交通运输与安全保障重点实验室、江苏省科学研究计划项目——基于公共服务均等化的苏北农村居民出行服务体系研究(项目编号:2010R12-1)、江苏政府留学奖学金(JS-2016-K009)等单位和项目的资助。

本专著共分9章,主要内容包括:概述,苏北农村居民出行环境分析,苏北农村居民出行特征分析,苏北农村公共交通供给分析,苏北居民出行方式预测,苏北农村居民出行服务评价,苏北农村居民出行服务体系的优化,苏北农村客运运营组织模式决策,健全苏北农村居民出行服务体系政策建议。

在研究和撰写过程中参阅了大量国内外文献与书籍,在此谨向原著作者表示崇高的敬意和由衷的感谢!

由于作者水平有限,书中难免有疏漏之处,恳请读者批评指正。

作者

2016年12月

目　录

第 1 章　概述 …… 1

1.1　相关概念 …… 1

1.2　国内农村公共交通服务典型案例 …… 2

1.2.1　重庆(沙坪坝)农村公共交通服务 …… 2

1.2.2　湖北省老河口市农村公共交通服务 …… 3

1.3　江苏及周边省市农村公共交通服务典型案例 …… 3

1.3.1　安徽铜陵市农村公共交通服务 …… 3

1.3.2　浙江嘉兴市农村公共交通服务 …… 4

1.3.3　浙江永康农村公共交通服务 …… 4

1.3.4　常熟市农村公共交通服务 …… 4

1.4　本章小结 …… 4

第 2 章　苏北农村居民出行环境分析 …… 5

2.1　苏北区位分析 …… 5

2.2　苏北经济社会及农村交通发展现状 …… 6

2.3　苏北区域经济增长对农村居民出行的影响分析 …… 9

2.4　苏北农村居民交通出行存在的问题 …… 11

2.5　本章小结 …… 14

第 3 章　苏北农村居民出行特征分析 …… 15
3.1　苏北农村居民出行行为数据采集 …… 15
3.2　苏北农村居民出行者个体特征 …… 15
3.3　苏北农村居民出行特征分析 …… 17
3.3.1　出行目的特征 …… 17
3.3.2　出行频率特征 …… 18
3.3.3　出行方式结构特征 …… 19
3.3.4　出行时间分布特征 …… 20
3.3.5　出行范围与在途时间 …… 21
3.3.6　出行距离对出行方式选择的影响 …… 21
3.4　本章小结 …… 22

第 4 章　苏北农村公共交通供给分析 …… 23
4.1　公共交通基础设施 …… 23
4.1.1　农村道路网建设 …… 23
4.1.2　农村客运站点建设 …… 23
4.2　公共交通服务供给 …… 24
4.2.1　农村客运线网设置 …… 24
4.2.2　农村客运运力配置 …… 25
4.2.3　营运运输量 …… 25
4.2.4　镇村公交运营 …… 26
4.3　本章小结 …… 26

第 5 章　苏北居民出行方式预测 …… 27
5.1　基于马尔可夫链苏北农村居民出行方式概率分布预测 …… 27
5.1.1　马尔可夫链的基本原理 …… 27
5.1.2　居民出行方式的概率分布预测 …… 30
5.2　苏北居民出行方式选择非集计模型构建 …… 32

5.2.1 非集计模型基本理论及适应性 …… 32
5.2.2 农村居民出行方式选择的影响因素分析 …… 35
5.2.3 基于非集计的苏北农村居民交通出行调查 …… 36
5.2.4 苏北农村居民出行方式 MNL 模型建立与标定 …… 38
5.3 苏北农村居民出行方式 MNL 模型的验证 …… 41
5.4 本章小结 …… 47

第 6 章 苏北农村居民出行服务评价 …… 48
6.1 交通运输供需结构平衡分析 …… 48
6.1.1 运输结构分析 …… 48
6.1.2 运输需求结构与运量结构的关系 …… 49
6.1.3 运输需求结构与运量结构的关系 …… 49
6.2 苏北农村居民出行服务评价体系设计 …… 50
6.2.1 苏北农村居民出行服务水平评价指标体系 …… 50
6.2.2 苏北农村居民交通出行网络综合评价 …… 54
6.3 苏北农村居民出行服务总体评价分析 …… 64
6.3.1 苏北农村居民出行服务水平评价分析 …… 64
6.3.2 苏北农村居民交通出行网络综合评价分析 …… 65
6.4 本章小结 …… 67

第 7 章 苏北农村居民出行服务体系的优化 …… 68
7.1 苏北农村居民出行服务体系的属性分析 …… 68
7.1.1 农村公路和农村客运站的属性分析 …… 68
7.1.2 农村客运班线的属性分析 …… 69
7.2 苏北农村居民出行设施网络优化 …… 70
7.2.1 农村客运线网规划 …… 70
7.2.2 农村客运网络站点规划 …… 73
7.2.3 农村客运线路运力配置 …… 78

7.2.4 实例分析——新沂市北沟镇 …… 81
7.3 苏北农村居民出行信息服务系统构建 …… 86
7.3.1 总体要求 …… 86
7.3.2 信息化需求分析 …… 87
7.3.3 信息化系统构成及子系统设计 …… 88
7.3.4 信息化实施路径 …… 91
7.4 本章小结 …… 92

第8章 苏北农村客运运营组织模式决策 …… 93
8.1 苏北农村客运交通发展战略 …… 93
8.2 苏北农村客运交通发展战略任务 …… 94
8.3 农村客运运营管理模式分析 …… 95
8.4 苏北农村客运经营模式的选择 …… 97
8.5 本章小结 …… 99

第9章 健全苏北农村居民出行服务体系政策建议 …… 100
9.1 管理体制改革政策 …… 100
9.2 财政支付政策 …… 101
9.3 票价定价政策 …… 103
9.4 市场调控政策 …… 103
9.5 低碳节能政策 …… 104
9.6 强化监管政策 …… 104
9.7 农村客运安全管理政策 …… 105
9.8 本章小结 …… 106

附表 …… 107

参考文献 …… 115

第1章 概 述

在当前经济转轨和社会转型的宏观背景下，党和国家针对基本公共服务均等化提出了明确要求。党的十七大报告中，就曾提出要“围绕推进基本公共服务均等化和主体功能区建设，完善公共财政体系”。在党的十八大报告中，提出了“基本公共服务均等化”要求。可见，推进基本公共服务均等化已成为当前中国核心工作之一，亦成为当前学术界研究的一个热点。国内一大批优秀学者通过理论、调研、实证等方式对基本公共服务均等化问题进行研究并提出了独到而深刻的看法、建议等。国内很多地方对公共服务均等化进行了有益的实践。鉴于此，将国内外优良实施经验和研究成果进行梳理、总结，考察其研究的适用性，进而为苏北地区农村交通服务均等化的下一步研究和应用指明方向，意义十分重大。

1.1 相关概念

虽然基本公共服务均等化已经成为当前大家关注的热点问题，但其中的一些关键性的概念问题还需得到清晰一致的界定。

(1) 公共服务

公共服务，是21世纪公共行政和政府改革的核心理念，包括加强城乡公共设施建设，发展教育、科技、文化、卫生、体育等公共事业，为社会公众参与社会经济、政治、文化活动等提供保障。公共服务以合作为基础，包括加强城乡公共设施建设，强调政府的服务性，强调公民的权利。

公共服务可以根据其内容和形式分为基本公共服务、经济公共服务、公共安全服务、社会公共服务。

（2）基本公共服务

基本公共服务是指那些通过国家权力介入或公共资源投入，为公民及其组织提供从事生产、生活、发展和娱乐等活动都需要的基础性服务，如提供水、电、气、交通与通讯基础设施、邮电与气象服务等。

基本公共服务是政府提供的、全部由公共财政付费或适度补贴的、旨在提供基本生存和发展必要条件的、公共性层次较高的、覆盖全社会的、标准和规格划一的、人人有机会享用的公共服务。

（3）公共服务均等化

公共服务均等化是公共财政的基本目标之一，是指政府要为社会公众提供基本的、在不同阶段具有不同标准的、最终大致均等的公共物品和公共服务。实行基本公共服务均等化在当前具有非同寻常的重大意义，是缩小城乡差距和贫富差距以及地区间不均衡发展的重要途径。

（4）基本公共服务均等化

基本公共服务均等化一般指全体人民在基本的公共服务领域应该享有同样的权利。基本公共服务由政府提供，政府应具有均等支付基本公共服务的能力，不存在偏见歧视、特殊门槛的前提下，使每个公民不分城乡、不分地区地能够有机会接近法定基本公共服务项目的过程。

（5）农村公共交通

公共交通是指某一范围内定线运营的公共汽车及轨道交通、渡轮、索道等交通方式。公共交通系统由通道（包括道路、轨道、航道等）、交通工具、站点设施等物理要素构成。

农村交通基础设施以道路为主，因此，农村公共交通是指在农村范围内定线运营的公共汽车为主的交通方式。农村公交是农村客运公交化的一种方式。

由于道路的规划性、系统性较差，大多是从城市出发呈放射状布设，路网系统整体通行效率不高，又因农村道路建设等级较低，农村作为交通末端，交通量较小等原因，致使农村公交线网布局、公交通达性、站点的设置等受到制约。

1.2 国内农村公共交通服务典型案例

1.2.1 重庆（沙坪坝）农村公共交通服务

“十二五”期间，重庆（沙坪坝）公路发展迅速并取得一定成绩，在重庆市率先实现了“镇村通达、镇村畅通”的目标，路网密度约为 4.32 km/km^2，境内通公交客车实现了安保设施全覆盖，在重庆市交通系统率先实现公路(区、镇、村)三级管养体制，实现了养护机制完善、人员配备合理、经费有保障，公交出行覆盖率达60%。

1.2.2 湖北省老河口市农村公共交通服务

老河口市被湖北省列为全省城乡公交一体化工作试点。目前，该市有城市公交公司1家，车辆55台，线路7条，线路总长度115 km。农村班车客运企业1家，农村营运客车66台，农村班线13条，线路经过219个行政村，886个自然村，行政村通车率达97%，万人拥有公交车辆数2.5标台，方便了城乡居民和外来人员的出行。城市公交在城市规划区内承担着市民出行、上下班、上学、放学、购物等的运输需求。道路客运客班车在城乡间承担城乡居民的出行、方便农民进城购销物资的运输任务。两种运输形式互相依存，互相补充，都得到了长足发展，形成了城市公交和农村客运的无缝隙连接，建立起了城乡交通的一体化网络。

为实现湖北省行政村"村村通客车"的目标，于2014年12月，老河口市制定了2015年《老河口市推进村村通客车工作实施方案》。《方案》提出：实施多样化的农村客运运行模式，结合群众出行需求，实行以班车客运为基础、其他方式为补充的农村客运经营方式；车型配置，按照因地制宜、安全适用的原则，根据地形条件、道路状况、客运需求等因素，选配适用的农村客运车型；不断提升农村客运服务质量，制定农村客运服务质量标准和规范，确定合理票价，提高经营者素质，服务农村人民群众便捷、安全、经济出行。

1.3 江苏及周边省市农村公共交通服务典型案例

1.3.1 安徽铜陵市农村公共交通服务

铜陵市积极开展基本公共交通服务均等化工作，努力构建该市城乡客运一体化公交体系，建设布局合理、功能完善、辐射城乡的客运服务网络。铜陵现有公交车454辆，城市万人拥有量超过10台，提前达到小康标准；农村客运方面，随着城乡一体化建设加快，铜陵对农村客运公交的投入不断加大，目前90%以上的行政村已经开通了农村客运班线，农民出行更便捷。

在农村客运线路运营上，该市让重点集镇实现通公交，在集镇与集镇、集镇与村、村与村之间利用社会其他车辆组建公司化运营，参照公交化运营模式，充分发挥社会多种经济补充力量，组建股份制等多种形式的公司参与经营，公交公司也可参股经营，实行片区划分、合理布局、冷热线路搭配经营。目前，候车亭招呼站74对，农村客运车辆180台，村村通客车率达到97%，农村人口每万人拥有农村公交车辆6台，实现农村客运公交出行率达8%。

1.3.2 浙江嘉兴市农村公共交通服务

嘉兴作为浙江省率先推进城乡一体化建设的先行地，将城乡交通一体化建设作为城乡一体化建设的基础。

嘉兴实施“城乡公交一体化”以“六统一”为突破口，即统一管理体制、统一税费政策、统一资源配置、统一运价标准、统一服务标准、统一发展规划，实现了交通历史性的跨越，创造出“嘉兴模式”。通过“加大财政扶持力度，推进资源城乡共享，建立站场建设长效机制，积极落实便民惠民措施”等有效措施，经过近几年的努力，全市实现了行政村公交通达率 100%，成功打造了一个“便捷、优质、惠民”的城乡公交网络，城乡公交已成为百姓出行首选。

1.3.3 浙江永康农村公共交通服务

自 2013 年 1 月 1 日，农村公交车启用新车，执行新票价。新车启用后，给老百姓带来最直接的实惠就是票价。根据永康市人民政府有关文件精神，改造后票价作如下调整：凡开通豪华双开门公交车型的线路，里程在 20 km 以内的公交票价实施 2 元一票制，里程在 20 km 以上的公交票价实施 3 元一票制。同时根据实际情况，在人口较为密集的乡镇、村设置站点。

1.3.4 常熟市农村公共交通服务

自 2012 年，常熟市组织实施《确立公交优先发展战略，推进公交城乡一体化发展》，围绕率先基本实现现代化这一目标，该市主要把握“万人拥有公交标台数”和“镇村公交开通率”两项指标。目前，城乡公交拥有营运车辆 183 辆，营运线路 30 条，营运线路长度 795 公里，日运行里程 4.6 万公里，农村客运站 12 个，城乡枢纽站 5 个，城乡公交站点 1284 处，全市实现公交村村通，镇村公交开通率达 100%。

1.4 本章小结

基本公共服务均等化是政府为保障公民基本生存权和发展权，按照“基本、平等、普遍、均衡”的要求，与经济社会发展水平相适应，为全体公民提供基本公共物品和社会服务。加快推进城乡公交一体化，是交通部门贯彻落实党的十八大、十八届三中全会精神重要思想的必然要求，是统筹城乡发展，推进基本公共服务均等化行动的一项重要内容，是当前交通部门服务于全面小康社会建设大局的一项十分艰巨而紧迫的任务。全国各级政府及交通部门，开拓创新、抢抓机遇、迎难而上，采取多项有力措施，着力加快推进城乡公交一体化进程，从而带动农村地区的经济发展，使“三农”问题在城乡统筹协调发展中得到有效解决，这为本课题的研究提供了很好的借鉴及启示。

第2章 苏北农村居民出行环境分析

2.1 苏北区位分析

苏北地区位于江苏省北部(见图2.1),苏北包括徐州、连云港、盐城、淮安、宿迁五市,东临东海,南接江苏省南通、扬州、泰州等市,西接安徽省、北接山东、河南两省。主要处于江淮地区,平原面积广阔,得淮海、陇海、京杭、京沪之利,铁路、公路、航空、水运、输油管道五通汇流,具有良好的地理、交通综合优势。

图2.1 苏北地区区位图

2.2 苏北经济社会及农村交通发展现状

改革开放以来，特别是近年来，江苏实施“区域共同发展战略”，采取了一系列扶持苏北发展的措施，加快了苏北社会经济发展内生增长机制的形成，苏北地区社会生产力、综合实力和人民生活都上了一个新台阶，社会经济呈现出良好的发展势头，达到了以县为单位实现小康的目标，城乡面貌发生了深刻的变化。

从总体上看，目前苏北地区正处于从农业经济为主向全面推进工业化、向全面小康社会迈进的重要时期。江苏不断加大扶持力度，帮助苏北改善发展条件。苏南各地也从全局出发，积极探索的苏北发展之路。这些都为苏北发挥后发优势，加快经济社会发展，创造了很好的条件。苏北地区正不断抢抓发展机遇，增强自我发展的主动性和创造性，努力实现跨越式发展。

(1) 区域经济发展情况

2015 年苏北实现 GDP 16 564.3 亿元，增长 9.3%，分别比全省、全国平均水平高 1.8 个、2.4 个百分点，主要经济指标增速连续 10 年高于全国和全省平均水平。苏北在全省稳增长、促发展中发挥了重要作用。苏北地区生产总值实现 5 年翻一番，占全江苏省比重由 2012 年的 22.5%上升到 2015 年的 23.6%。“全国经济百强县”数量已达到 9 个(东台、大丰、邳州、沛县、建湖、赣榆、沭阳、新沂、东海)。

一是固定资产投资保持适度增长。2015 年苏北固定资产投资 13 758.582 1 亿元，增长 15.932%，超江苏省平均 5.43 个百分点；固定投资中工业投资 8 097.37 亿元，增长20.64%，超江苏省平均 8.24 个百分点。连云港港 30 万吨级航道一期工程建成通航，连云港港也成功迈进亿吨大港行列。

二是工业经济发展态势良好。2015 年苏北规模以上工业增加值 8 404.01 亿元，增长 13.29%，分别比苏南、全省高 8.4 个、4.99 个百分点；工业用电量 792.16 亿千瓦时，增长 1.86%，分别比苏南、全省高 10.7 个、1.06 个百分点。

三是财政金融继续保持较快增长势头。全年苏北 5 市公共财政预算收入 1 858.75 亿元，增长 11.25%，比全省平均水平高 0.25 个百分点。至 2015 年末，金融机构人民币存款余额 15 502.75亿元，比 2015 年年初增加 2 000.56 亿元；金融机构人民币贷款余额 11 550.792 9 亿元，比年初增加 1 531.95 亿元。

四是外向型经济发展水平进一步提高。2015 年苏北进出口总额 1 366 亿美元，是 2012

年的 3.7 倍。连云港被确定为新亚欧大陆桥经济走廊节点城市、中哈物流中转基地和上海合作成员国组织出海基地；淮安成为国家首批社会管理和公共服务综合标准化试点城市、全国首家台资企业产业转移集聚服务示范区。

五是科技创新能力不断增强。近 3 年来，苏北全社会研发投入 249.8 亿元；高新技术企业总数超过 1 200 家；新建各类科技基础设施 726 个，其中工程技术研究中心 121 家，企业院士工作站 15 家，研究生工作站 298 家；引进急需人才、高层次人才 1 万多人；组织实施省级以上科技项目 2 769 项，省拨经费 19.3 亿元。

近年来，苏北地区国民经济发展态势良好，年平均增长率基本维持都在 10%以上。表 2.1、图 2.2 反映的是苏北地区 2010～2015 年 GDP 及第一产业增加值的基本情况。

表 2.1　2010～2015 年苏北五市 GDP 发展情况(单位:亿元)

苏北五市	2010 年	2011 年	2012 年	2013 年	2014 年	2015 年
地区生产总值	8 644.28	10 728.31	12 182.94	13 687.95	15 151.49	16 564.30
第一产业	1 189.47	1 388.96	1 545.77	1 664.62	1 758.40	1 869.76
第二产业	4 258.08	5 135.99	5 783.58	6 417.58	6 981.55	7 445.52
第三产业	3 196.73	4 203.36	4 853.59	5 605.75	6 411.54	7 249.02

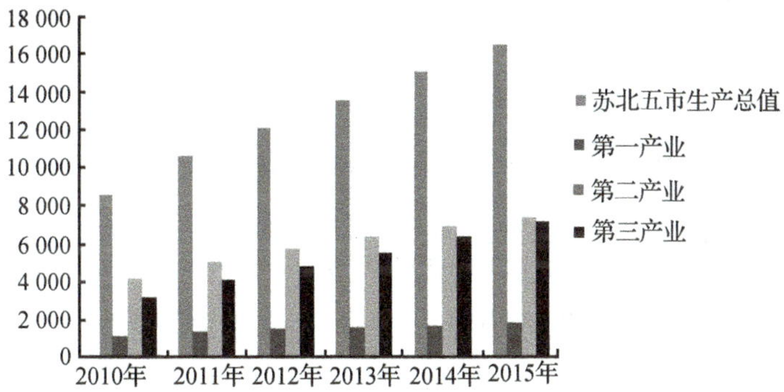

图 2.2　2010～2015 年苏北五市 GDP 发展情况

(2) 区域农村经济发展情况

近年来，政府对农村经济的发展十分重视，也采取了许多惠农政策，有力地推动了苏北农村经济的快速发展。目前，苏北正大力调整优化农业产业结构，深入推进农业产业化和农村改革，加快新农村建设，使农民生产生活条件得到显著改善，农民收入大幅增加，农业农村经济呈现出良好发展态势。

2015 年，苏北农村居民人均可支配收入 13 841 元(苏南为 22 760 元)，约为苏南地区的

60.8%，约为苏北城镇人均可支配收入的52.5%。

(3) 苏北农村交通发展现状

① 苏北地区农村公路里程不断上升

截至2015年底，苏北地区公路总里程达到了72 486 km，较2012年的69 993 km新增2 493 km，基本实现了村村通公路。等级公路达到67 270 km，其中高速公路1 813 km，占2.5%；一级公路4 393 km，占6.07%；总体来看，苏北地区农村公路等级低，宽度窄，线路短，通村单程运距短。表2.2、图2.3反映的是苏北地区公路里程增长趋势。

表2.2 2010～2015年苏北五市公路里程增长情况(单位:km)

公路建设情况	2010年	2011年	2012年	2013年	2014年	2015年
公路总里程	67 948	68 950	69 993	70 905	71 646	72 486
等级公路	62 043	63 311	64 430	65 443	66 305	67 270
高速公路	1 655	1 668	1 738	1 758	1 776	1 813
一级公路	2 863	3 055	3 406	3 865	4 087	4 393

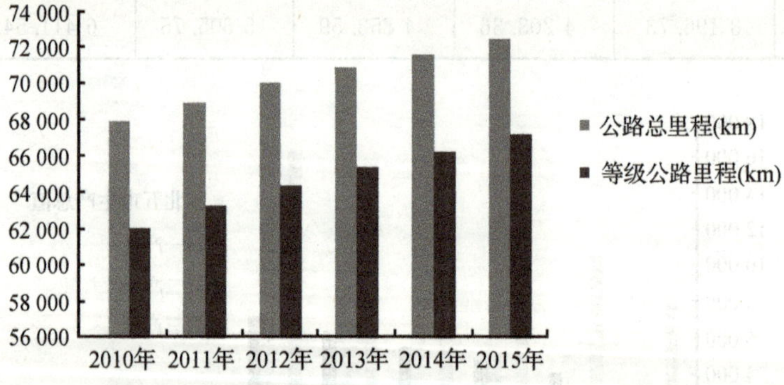

图2.3 2010～2015年苏北地区公路里程增长趋势图

② 农村客运站点总体建设步伐加快，站点建设与运营日趋合理

至2015年底，江苏全省已开通2 200多条农村客运线路，通达877个乡镇、1.6万余个行政村，乡镇、建制村客运班车通达率分别为100%、94.51%，508个乡镇开通镇村公交，镇村公交覆盖率达到58%。“十三五”期间将实现镇村公交全覆盖。

在江苏大力推进城乡客运一体化发展背景下，苏北高度重视和支持农村客运站点建设，以改善农村百姓出行质量，服务新农村建设为目的，加大了站场基础设施投入，建设了一批与苏北经济发展相适应的标准化农村客运站，见表2.3，为满足人民群众出行，发展和繁荣农村经济，发挥了积极的作用。

表 2.3　苏北五市农村客运站点建设情况(至 2015 年)(单位:个)

建设情况	徐州	淮安	盐城	连云港	宿迁
乡村客运站数	53	64	41	30	58
农村招呼站数	—	230(2009 年)	396(2011 年)	—	635

但同时,在农村客运站建设与运营过程中,仍存在不容忽视的问题,个别地区路、站、运未实现一体化同步发展,存在脱节情况;部分站征地等前期手续办理时间过长,影响建设时序;部分客运站虽然建成,但运营效果有待进一步提升。在使用过程中,一些站亭由于风雨侵蚀及人为破坏,设施出现损坏,未能及时修理与更新。

③ 农村客运经营方式粗放

苏北部分地区的农村客运存在着"以包代管"和"挂靠经营"的粗放经营模式,无证经营,站外组客,宰客、甩客等不良现象时有发生,这些非法载客营运行为,严重扰乱了客运市场的经营秩序。

"黑车"经营对农村客运的健康发展影响很大。目前非法运输经营的问题还比较突出,已经成为一个严重的社会问题。非法运输的形成是有一定基础的,首先是农村群众出行有需求,没有客车可坐,所以只有坐"黑车";其次是社会就业压力的驱动,部分农民无稳定职业,经营非法运输成了捷径;三是运输本身的原因,由于合法经营成本高,经营者没钱可赚,就放弃合法经营,搞非法运输。"黑车"渗入客运市场,对农村客运的正常经营造成了严重的影响。

同时,农村客运运力、运量发展也不平衡。由于农村发展不平衡,农村居民是自然居住,因而运量相对分散。相比来说,农村集贸市场赶集日客流比较集中,成为热线;淡季时,运力过剩;偏远地区由于道路条件较差,经营者不愿跑,因而成为冷线。

另外,在苏北农村的客运运力投放比重也存在失调。大的旅客运输企业对农村客运市场缺乏了解,客运车辆经营成本高,他们不愿也不想把一些较高档次的客运车辆投入农村客运市场。

2.3　苏北区域经济增长对农村居民出行的影响分析

(1) 资本大量投资推动农村居民进城务工

资本是人类经济活动的基本要素之一,古典和新古典经济增长理论中,资本对经济增长的作用被提到极其重要的高度,经济增长被认为主要是积累足够的资本,从而可以运用劳动和资本在经济上最有效的组合所获得的结果,进而通过深化资本结构和提高资本密集度的方式来促进经济增长。

在中国拉动式的经济发展模式下，伴随着固定资产投资额的增长，经济发展仍将保持较快的增长速度。在国家加大中小城镇建设的背景下，苏北地区城市化比例还将进一步提高，苏北地区农民进城务工的大趋势不会改变。

(2) 结构调整与产业转移促进农村劳动力迁移

将要素投入、技术进步、制度安排视为经济增长的必要条件，实际上是在竞争均衡假设条件下发生的。现代经济增长理论认为经济增长是个动态非均衡的过程，罗斯托认为，“现代经济增长是个部门过程”，由于部门间生产率的差异，要素由低生产率部门向高生产率部门转移，通过产业结构调整使闲置或无效、低效配置的资源获得有效配置，进而促进经济增长。

随着苏北地区社会经济的持续快速发展，大量外来资本进入苏北，推进区域产业结构调整及产业转移，也进一步推动专业化分工。在农村教育培训体系日益完善的背景下，农民素质和转移技能进一步增强，就业竞争力提升。越来越多的农民也脱离土地的束缚，投身第二及第三产业的建设与发展之中，也将带来更大的农村公共出行需求。

苏北地区的产业结构持续优化调整，三产结构由 2012 年的 12.7∶47.5∶39.8 调整为 2015 年的 11.3∶44.9∶43.8，特别是包括电商等新型服务业的快速发展和比重上升，吸纳更多的就业人口。这为苏北农民离开土地进城务工提供了更多的就业机会，也为苏北经济的进一步腾飞打下了坚实的基础。

(3) 城乡商贸流通活跃促进农村居民出行

促进城乡统筹发展，建设社会主义新农村，需要生产资料在城乡之间自由地双向流动，这既需要道路运输的物质条件，也要有道路运输的制度条件。近年来，苏北城乡经济快速发展，特别是劳动力、知识等非物质生产要素在城乡之间的自由双向流动加快，需要便捷的城乡一体化的公交服务，从而使农村居民享有工业化、城市化的现代文明。

苏北大、中城市发展迅速，城市消费品市场的繁荣有效地刺激了城市居民的消费，也像磁场一样吸引了农村居民的消费欲望，以至于节假日农村居民成群结队地出行，进城游玩消费。城郊农村居民每逢节假日大量进城就充分说明了农村居民的消费愿望和取向，近年来的家电下乡也说明了农村居民的消费潜力。

因此，加快完善农村居民出行服务体系，一方面使农村居民享受了服务质量更好的客运服务，减少了交通事故的人身伤害，增加了农村居民的交通安全感；另一方面，方便了农村居民进城务工、就学，也方便了城乡之间的人员交往，促进了城乡间的生活交流、文化交流、人才交流，有利于拉动农村居民的消费，提高农村居民的生活质量。

2.4　苏北农村居民交通出行存在的问题

随着改革开放的深入和社会经济的蓬勃发展，苏北地区人民生活水平不断得到改善，居民出行需求也随之增加。

（1）苏北农村居民众多，分布较广，不能有效满足出行需求

苏北地区农村居民众多，至 2015 年末，苏北地区农村居民达 1 230.58 万人，占全省人口的 15.43%。苏北地区乡村从业人员 1 272.87 万人，其中农林牧渔业 494.56 万人，工业 300.24万人，建筑业 179.9 万人。近年来，苏北地区从事第一、二产业的人口逐年递减，而从事第三产业的人口逐年上升。随着社会经济的发展，农村外出务工人员也逐年增多，农村居民早进城、晚归乡的出行比例将会进一步增加。苏北地区乡村从业人员产业分布情况如表 2.4、图 2.4 所示。

表 2.4　2010～2015 年苏北五市乡村从业人员产业分布情况(单位:万人)

苏北五市从业人员	2010 年	2011 年	2012 年	2013 年	2014 年	2015 年
农林牧渔业	559.64	536.92	521.09	510.06	501.92	494.56
工业	251.79	270.36	276.69	288.11	294.01	300.24
建筑业	163.12	173.36	174.26	178.98	179.61	179.9
乡村从业总人数	1 281.93	1 284.7	1 270.29	1 275.56	1 271.42	1 272.87

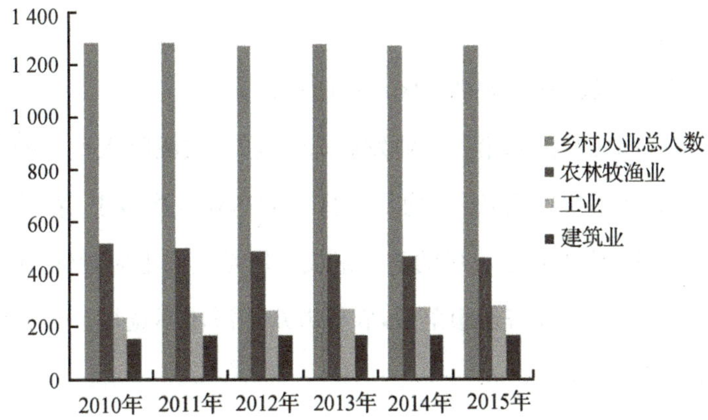

图 2.4　2010～2015 年苏北五市乡村从业人员产业分布情况

从图 2.4 中我们可以看出，近 5 年来，苏北地区从事农林牧渔业的人员减少了 60.58 万余人，从事工业的人员增加了 48.45 万余人，从事建筑业的人员增加了 16.78 万余人；同期乡村从业总人数减少了 9.06 万余人，有上百万农民就地或进城转变身份，成为产业工人或三产服务人员。农民群众渴望能像城镇居民人一样出门有路、抬脚上车、四处可达。这种需求随着城乡交流的扩大和农村经济社会的发展更加旺盛：

一是出行次数增加。随着农业科技的发展，农业对从业人员需求在减少，农村人口从事工业、建筑业、第三产业的人员不断增加。同时，农村道路网的不断完善，农公交的发展，政府对农用车的补贴，增加出行的机动性、方便性，拉动农村居民出行需求。

二是出行方式多元。随着运输工具的发展，农民可以选择乘班车、摩托车、电动车、自行车等方式出行，客运班车也是很多农民的备选交通方式之一，但是由于受线路、车站、票价等因素的影响，农公交的出行比例目前仅维持在 7%～8%。

三是出行目的多样。农民进城办事、赶集购物、看病上学、走亲访友等等，都要通过农村客运来实现，并且越来越多的农民往返于城乡之间，经商、务工、就业等都需要更便捷的农村客运。

四是出行服务要求提高。随着生活水平的提高和消费结构的升级，农民已不再满足简单的“有车挤、走得了”，而向“坐好车、走得好”转变，更加注重出行的舒适性、便捷性、安全性。

总体而言，苏北是人口稠密的地区，经济社会快速发展进一步激发了农村居民的客运服务需求。苏北农村地区不仅有巨大的客运量基数，对农村客运、公交线路拓展有强烈愿望。目前，苏北农村道路设施不完善，覆盖面不够，班线密度不够，不能有效满足农村居民日益增长的“行有所乘”需求。

(2) 苏北农民收入偏低，出行费用比城市居民负担重

近年来，苏北地区国民经济和第一产业发展态势良好，农民收入呈不断上升的趋势。近年来农民出行的距离、频率快速增长，人均月出行次数达到 8 次以上，农村客运量占到道路运输客运量的 30%以上，成为客运市场的重要组成。但是我们也应看到，由于地理、区域、传统产业等因素影响，农村地区经济还很落后，农村群众经济还不宽裕。与苏南地区仍有较大差距，也难以达到全省平均水平。

在收入偏低的同时，苏北农民却承担着不低于城市居民的出行费用。以连云港市为例，该市市区至大岛山线路里程为 31 km，票价为 6 元，而连云港城市的公交班车多数为一票

制，绝大多数线路的班车票价在 1～1.5 元，部分城郊路径较长的线路，即使实施累进票价，也控制在 3 元以内。如 35 路公交线，起讫站点为国展中心—船山景区，全程 22.5 km，票价 3 元，见表 2.5。

表 2.5　部分地区农公交运价比较表

票价	≤20 km	≥20 km	≥30 km
连云港农公交	≤5 元，阶梯	6 元	
连云港城市公交	1～1.5 元	3 元	
浙江永康农公交	2 元	3 元	
常熟市农公交 （可刷卡 8 折）	≤25 km 2 元	25 km≤距离≤35 km 3 元	≥35 km 4 元

上述资料充分说明，苏北农村居民收入及消费支出仅为城市居民的一半，而出行费用却高于城市居民，和苏南地区的低廉农公交票价相比，也有着一定的差距。这对于广大苏北农民来说，是难以承受的。

(3) 苏北农村交通设施较落后，农村客运安全形势不容乐观

近年来，随着农村经济的快速发展和城镇化进程的加快，村镇和城乡间往来日益频繁，农村交通运输安全生产形势不容乐观。农村交通事故数量呈上升趋势，农村正在逐渐取代城市成为新的交通事故多发区域。为进一步加强农村交通运输安全工作，国家先后出台了多个文件指导农村客运安全工作。首先，中央颁布了《中共中央关于推进农村改革发展若干重大问题的决定》；紧随其后，国务院于 2009 年 9 月出台了《国务院安委会办公室关于进一步加强农村交通安全工作的通知》；2009 年 12 月，交通运输部安全监督司出台了《关于加强农村交通运输安全生产工作的意见》。这些指导性文件的出台，都是为了努力扭转农村客运安全事故高发的态势。

(4) 苏北农村客运经济效益差，尚需进一步政策支持

苏北农村分散，农村客运班线经济效益性较差，不规范、不正当的竞争行为也增加了经营企业农村客运班线的困难。此外，在城乡交通一体化过程中，城乡客运的体制障碍，使得城市公交客运与道路客运的不同身份和在享受国家优惠政策、承担赋税等方面的不同待遇，造成同一客运市场中利益分配不匀、竞争不平等、资源浪费等现象，在很大程度上阻碍了城乡客运一体化发展，在诸多方面存在问题。

2.5 本章小结

江苏省区域协调发展战略的落实，以及"六大行动"的大力实施、"五个一批"的扎实推进，给苏北经济发展带来了强大动力，苏北经济在转型升级中持续健康发展，全面小康建设迈出新的步伐，进入统筹城乡发展的新阶段。苏北全面建成更高水平的小康社会目标，要求缩小城乡发展差距，加快推进基本公共服务均等化行动计划，加速城乡客运一体化进程，改善农村居民出行环境，满足苏北农村日益增长的、巨大的出行需求，提升农村居民生活、工作质量。

第3章 苏北农村居民出行特征分析

3.1 苏北农村居民出行行为数据采集

(1) 数据采集的范围

从苏北农村居民出行需求的共性角度出发，数据采集的范围是从苏北5市中任选1～2个县，再从每个县中任选1～2个乡镇，从每个乡镇再任选1～2个行政村。主要调查的范围涉及邳州市、新沂市北沟镇、涟水县、清浦区盐河乡、灌云县、沭阳县、大丰市裕华镇等。

(2) 调查对象

在县、乡的城区范围，主要采用在客车站、公交站亭的随机现场问卷调查，调查问卷样见附件1。在行政村，主要采用典型家庭抽样调查方法，共选取了630个家庭，并对其家庭成员中6周岁以上人员的出行情况进行调查。

(3) 调查时间

调查时段，既包括了农忙季节、传统节假日、集市日等具有出行明显增多的时段，也包括了农闲季节、学生的寒暑假期间。

(4) 调查方法

采用随机抽样调查方法，通过现场问卷对2 479位农村居民的出行行为进行数据采集，并对采集到的信息进行整理，得出苏北农村居民出行主要特征。

3.2 苏北农村居民出行者个体特征

苏北农村居民出行者中，不同性别、年龄的出行特征也不尽相同，在外务工者主要是中青年男性，探亲访友则以中老年女性居多。因此，在进行出行个体特征的分析时将农村居民进行如下分类：学龄以下小孩、学龄小孩、青壮年、老人。

学龄以下小孩一般是在成年人监护之下探亲、看病等出行，几率较小，因此不予具体分析；学龄小孩，出行路径主要为家与学校之间，时间分布上较为明显；青壮年务工、经商都具有早出晚归的特点；赶集及探亲访友在出行时间上更加灵活一些；老年出行中进城看病的较多，也有部分在逢场日买卖农产品和清晨及傍晚下田劳作的。

在被调查的630个家庭及其成员以及客车站、公交站亭现场调查中，涉及6周岁以上被调查对象2 479人，分别从其性别、年龄、职业等方面分析农村居民出行者个体主要特征，表现如下：

(1) 性别分布特征被调查对象的性别：男性为1 338人，女性为1 041人，分别占56%和44%，见图3.1。

(2) 年龄分布特征被调查对象的年龄：主要为6～25岁，其中，中小学生占有较大比例，见表3.1，图3.2。

(3) 职业分布特征被调查对象的职业：农民、中小学生和赋闲在家的人员为主，见表3.2，图3.3。

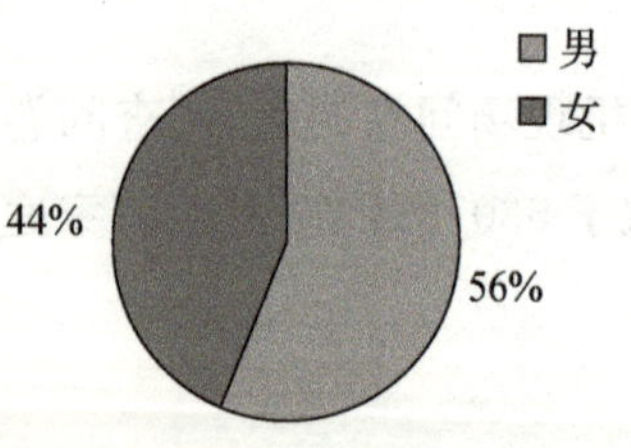

图3.1 性别分布特征图

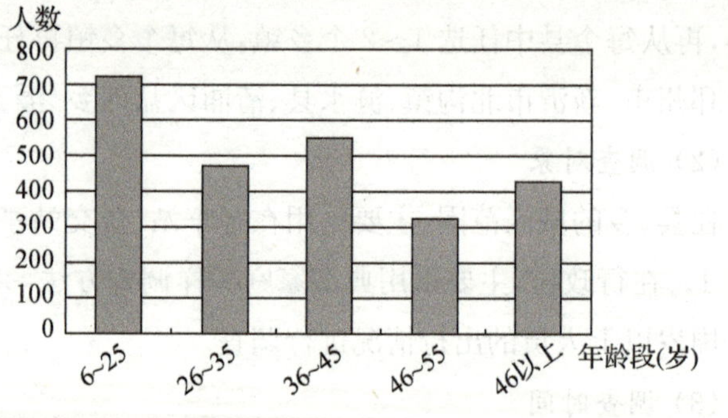

图3.2 年龄分布特征图

表3.1 苏北农村居民出行者年龄分布特征

年龄(岁)	6～25	26～35	36～45	46～55	56岁以上
人数(人)	618	473	443	322	123

表3.2 苏北农村居民出行者职业分布特征

职业	农民	中小学生	工人	个体经商户	公务人员及教师	赋闲在家人员
人数	646	596	459	237	32	509

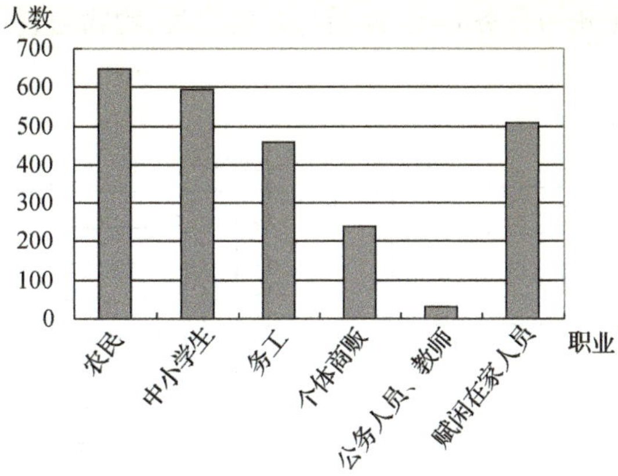

图 3.3　职业分布特征图

3.3　苏北农村居民出行特征分析

社会经济活动是居民出行需求产生的根源，因此，我国城乡社会经济发展水平的差异、城乡二元结构的局面也造成城乡居民出行活动上的二元结构，农村居民与城市居民相比，出行特征有较大的差异。通过调查分析，苏北农村居民出行的特征表现出与城市居民有较大差异。

3.3.1　出行目的特征

在苏北农村地区，产业以农业为主，农民从事农业生产的时间灵活性很大，因此农村地区不存在相对固定的上下班制度(除乡镇企业)，只有中小学生上学尚能算作通勤出行，成为居民日常出行的主要部分。在农村居民日常出行中，占据主要部分的是生产出行和生活出行。其中，生产出行既包括前往劳作场所、购买生产资料、出售农产品、寻求农业科技服务等农业生产出行，也包括外出打工、个体经营、前往乡镇企业上班等非农业生产出行；生活出行与城市居民的生活出行大致相同，但具体的比重有所差异，农村居民更多的是购物、就医等保障基本生存的出行，而文化娱乐出行较少。农村居民出行目的分布特征主要表现在，除回家外，务农、上学、上班是苏北农村居民出行的主要出行目的，其次还包括少量的以经商、购物、家长接送小孩为目的的出行，见表 3.3，图 3.4(a)、(b)。

表 3.3　苏北农村居民出行目的特征

出行目的	回家	上学	务农	上班	送孩子上学	经商	购物	探亲访友及其他
出行频次(人次)	3 401	1 376	1 154	902	458	135	141	76
所占比例%	44.5	18.3	15.1	11.8	6	1.7	1.6	1

表 3.3 中数据，将上班与公务归类、经商与赶集归类、购物与餐饮、文体娱乐归类，探病等合并至其他。

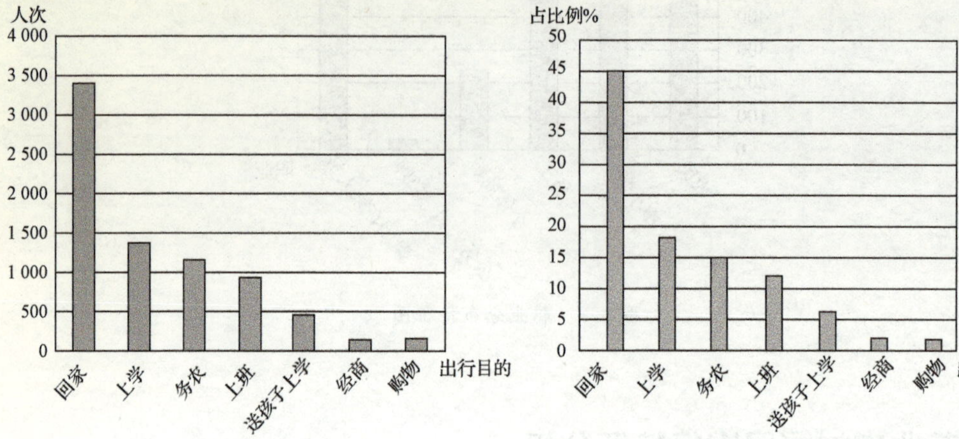

(a) 各种出行目的频次　　(b) 各种出行目的所占比率

图 3.4　苏北农村居民出行目的特征分布图

由图 3.4(b)可以看出，苏北农村居民除回家外，学生上学、去田地务农的出行比例较高，其次是上班、接送小孩上学，务农、上学、上班三项所占比例近 50%。经商人员一般自带交通工具，所以务农往返、上下学、上下班等必要出行是苏北农村居民出行的主要需要。

3.3.2　出行频率特征

苏北农村居民的出行频率较低，这与当前农村的社会经济发展状况较为相符。苏北农村地区经济发展与苏南地区相比还处于较低水平，产业结构相对单一，以农业为主，农村社会关系又大多以亲缘和地缘关系为基础展开，相对简单，因此，农村居民的社会经济活动不如城市居民活跃，日常出行需求较低。就生产生活方式来说，农村居民不存在每个工作日都必然要发生的出行，生产出行需求的大小随农业生产的季节性而变化较大，农忙季节需求多，农闲季节需求少，且不是每天都必须发生；购物、娱乐等生活出行也由于农村经济状况和相对落后的文化市场而需求较低；中小学生上学期间的出行频率多于寒暑假期间。

在此次调查期间，农村居民处于农忙期间，出行频率最高为 2 次，共 954 人次；最低为 9 次，只有 1 人，人均日出行频率达 3.3 次/天，见表 3.4，图 3.5。

表 3.4　苏北农村居民出行频率特征

日出行次数	0	1	2	3	4	5	6	7 次以上
人次	45	226	954	229	857	32	57	124

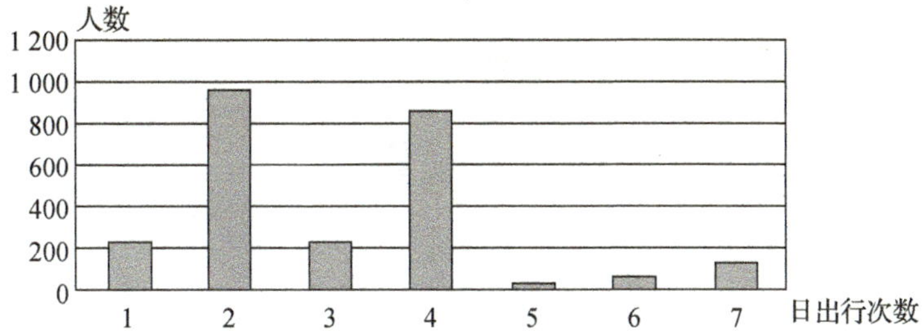

图 3.5 苏北农村居民出行频率特征图

出行频率的大小还与出行活动范围密切相关，大体而言，出行频率与出行活动范围成反比关系，即涉及活动范围越广的出行，其发生的频率越低。以裕华镇为例，村级范围的出行承载着农村居民大部分的日常活动，发生的频率最高，包括日常的农业生产、邻里走动、参与村民集体活动等。乡级范围出行发生的频率也较高，现阶段，苏北农村居民生存保障所需的各类社会经济服务最直接、最便捷的来源是乡镇共有设施，这一情况决定了农村居民在追求社会经济服务的出行中，绝大部分首选以乡镇中心(或乡镇共有设施所在地)为目的地，因此，这类出行是农村居民为维持其生存(包括生产、生活)而经常要发生的。县级及以外范围出行发生的频率则要低得多，这类出行通常距离很长(除城乡接合部外，大多在 10 km 以上)，出行者带有特定而鲜明的目的，以县市中心或其他较发达的中心镇为目的地，除少数城乡社会关系密切的人外，多数农村居民很少发生此类出行。

农村居民一年中出行次数较多的为 1 月、2 月、6 月和 10 月，这与传统节假日和农忙季节关系密切。

3.3.3 出行方式结构特征

随着出行机动化进程和农村客运市场的发展，农村居民出行的可选择性越来越高，出行方式逐渐走向多元化且机动化程度越来越高。但目前，苏北农村经济较苏南地区相比，结构单一，经济还不发达，城乡差距明显，同时，地区地形地貌又以平原微丘为主，因此，电动自行车、自行车在苏北农村居民出行中还占有重要地位，分别占 42%、21%。步行虽然是最原始的出行方式，但时至今日仍然有较高的使用率，占 18%，农村居民在村级范围的出行中，主要是步行、自行车、电动自行车，客运班车、小汽车分担较小比例，农村出行机动化服务水平还有待提高。见表 3.5 和图 3.6。

表 3.5 苏北农村居民出行方式结构特征

交通方式	电动自行车	自行车	步行	机动三轮车	自驾摩托车	公交车	小汽车
人次	3 210	1 605	1 376	841	306	156	149

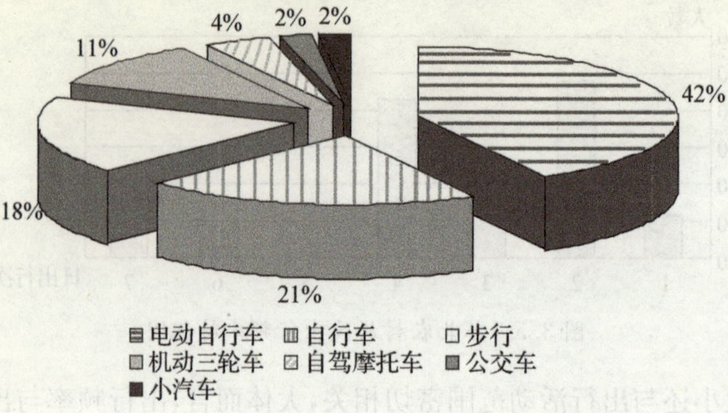

图 3.6　苏北农村居民出行方式结构特征图

另外，农村居民在以务农为出行目的时，可能会携带务农工具、种子、农药、化肥等农用产品，而携带农药、工具等不适宜选择公共交通，加之，政府对农业机具的补贴政策，农用车、拖拉机在农民家庭中逐渐普及，因此，农用车、拖拉机、机动三轮车等交通方式，现阶段仍占有一定比例。

3.3.4　出行时间分布特征

苏北农村居民调查中，单日总出行 7 643 次，有其出行时间规律，但不如城市居民明显，如图 3.7 所示。由于农村地区不存在相对固定的上下班制度（除乡镇企业、学校），但由于农村居民大都还保留日出而作的习惯，其出行时间分布主要在上午 6：00～12：00 时段，有两次高峰时间，分别为 6：00～8：00 和 11：00～11：59 期间，而在 11：00～11：59 期间，主要有务农、放学、接小孩、赶集购物等人员回家和部分出行人员，最高达 1 285 人次。下午除学生外，出行时间随意性较大，虽然有两个峰，但不明显，因此出行时间分布较散。

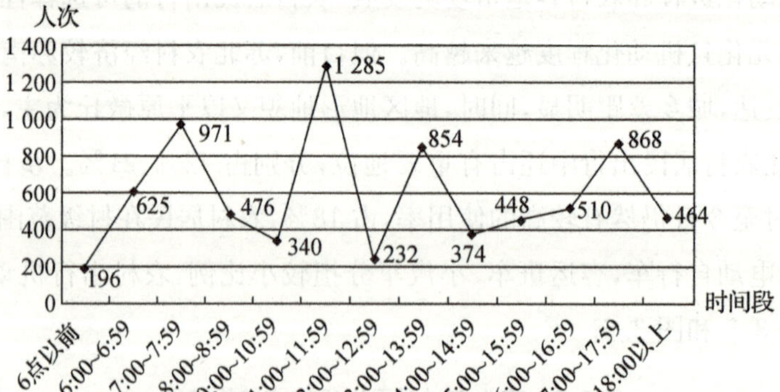

图 3.7　苏北农村居民出行时间分布特征

3.3.5 出行范围与在途时间

苏北农村居民出行的范围主要是住宅、田间、学校、乡镇集市，因此，出行的距离较短，大都在 2～5 km 以内。在距离 2 km 以内的出行中，居民主要选择步行、自行车，在距离 2～5 km 以内的出行中，选择步行和自行车的人数随着出行距离的增加而减少，电动自行车成为农村居民出行的主要选择方式，当出行距离在 5 km 以上的时候，农村居民会选择已有的摩托车、机动三轮车作为出行方式。主要出行范围及借助的主要交通工具，决定了苏北农村居民出行在途时间主要分布在 2 h 以内，约占 60%以上，见表 3.6 和图 3.8。

表 3.6 苏北农村居民出行在途时间

在途时间(h)	<1	$1\leqslant a<2$	$2\leqslant a<3$	$3\leqslant a<4$	$\geqslant 4$
人次	4 691	1 667	776	314	195

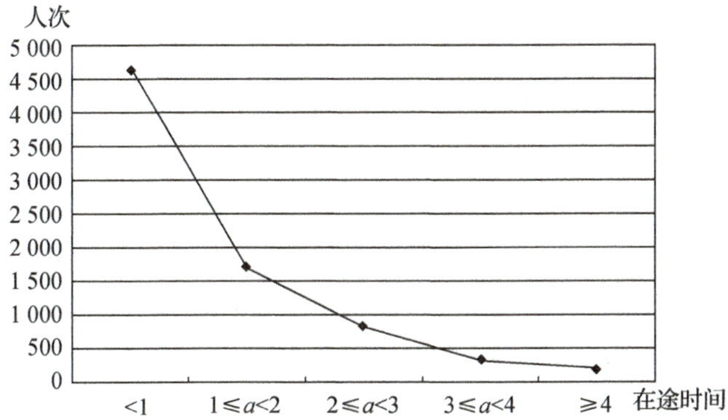

图 3.8 苏北农村居民出行时间分布特征

3.3.6 出行距离对出行方式选择的影响

通过调查，出行距离的大小对出行方式的选择有直接的影响，见图 3.9。出行距离的大小对摩托车影响最小，但选择这种出行方式的人数较少，这主要是考虑到燃油费用等经济因素，受出行距离影响最大的是步行、自行车和电动自行车。在 2 km 以内距离的出行中，居民主要选择步行、自行车和电动自行车，并且选择自行车和电动自行车的人数随着出行距离的增加而增加；在 2～5 km 之内，选择步行和自行车出行方式的人数锐减，电动自行车是农村居民出行方式的主要选择；当出行距离在 5 km 以上的时候，农村居民会选择已有的摩托车、机动三轮车作为出行方式，同时，期盼提供公共交通服务，该意愿随着距离增加呈上升趋势。

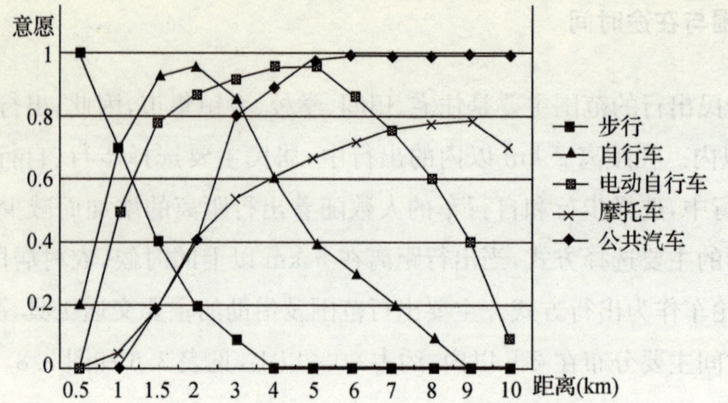

图 3.9 苏北农村居民出行方式意愿选择

3.4 本章小结

在充分调查苏北农村居民出行行为后发现，其特征较城市居民出行存在着较为明显的差异，具体表现：由于农村地区不存在相对固定的上下班制度（除乡镇企业），农村居民出行的范围主要是住宅、田间、学校、乡镇集市，因此其出行时空特征较为分散；出行人员个体因其出行目的不同，其出行的频次、时间分布以及出行方式的选择也有所不同；务农往返、上下学、上下班等必要出行是苏北农村居民出行的主要需要；地形地貌条件、区域经济发展水平、出行距离长短以及现有交通条件，会直接影响农村居民出行交通方式的选择。

第4章 苏北农村公共交通供给分析

4.1 公共交通基础设施

4.1.1 农村道路网建设

农村公共交通供给主要以道路运输为主,农村道路线网的完善为农村公共交通供给的基础,直接影响农村公共交通供给的能力和服务水平。农村道路建设是推进社会主义新农村建设的重要内容,是增加农民收入的有效途径,是扩大国内需求、拉动经济增长的重要措施,也是构建便捷、通畅、高效、安全的交通运输体系的重要组成部分。据统计,至2012年底苏北农村公路总里程达46 144 km,其中一级公路39.3 km,二级公路6 205.5 km,三级公路3 102.5 km,四级公路36 796.8 km,见表4.1。

表4.1 至2012年底苏北农村公路建设情况(单位:km)

市别	按项目层次分								按技术等级分			
	合计	县通乡	乡通乡	乡通行政村	居住点通达	村通村	镇村公交	客运通达	一级	二级	三级	四级
合计	46 144.1	6 155.9	3 155.7	23 846.6	12 387.1	85.45	289.3	224.0	39.31	6 205.5	3 102.5	36 796.8
淮安	9 127.4	881.9	581.2	4 479.8	30 41.5	20.4	116.0	6.7	4.71	910.4	484.0	7 728.4
连云港	9 051.7	1 529.8	637.2	3 471.5	3 277.0	0	44.6	91.7	12.6	1 531.8	735.6	6 771.7
宿迁	7 754.1	1 253.0	623.6	4 400.9	1 357.6	0	45.4	73.6	7.06	1 238.6	649.9	5 858.6
徐州	8 908.4	998.9	903.9	5 075.1	1 764.8	63.3	63.9	38.5	12.28	976.9	881.0	7 038.2
盐城	11 302.4	1 492.3	409.9	6 419.4	2 946.2	1.75	19.4	13.6	2.66	1 547.8	352.0	9 400.0

4.1.2 农村客运站点建设

至2012年底,苏北农村地区有等级的客运站有234个,客运班线实现了可通达457乡镇和 6994 建制村，除了盐城 17 个村没通，涉及 10 个乡镇，其余全部通达，见表 4.2。

图 4.1　苏北某乡镇客运站

表 4.2　至 2012 年底苏北农村客运基础设施建设情况

市区	指标					
	农村候车亭数量	乡镇总数	通班车乡镇数	建制村数	通班车建制村数	农村客运站数量
徐州市	112	112	2 178	2 178	41	197
连云港市	94	94	1 266	1 266	34	723
淮安市	115	115	1 387	1 387	50	341
盐城市	99	89	1 805	1 788	48	449
宿迁市	47	47	375	375	61	641
合计	467	457	7 011	6 994	234	2 351

目前，苏北各市都将开通镇村公交纳入年度重点工作，农村公交站台、站牌建设基本实现全覆盖，确保 2015 年镇村公交覆盖率达到 20%以上提供基础条件。

4.2　公共交通服务供给

以 2012 年徐州、淮安两市为例，分析苏北农村公共交通服务供给并实现公共交通服务状况。

4.2.1　农村客运线网设置

目前，苏北农村地区乡至村、村至村的道路客运线网设置，基本上是以乡镇为中心向周边村庄放射的模式，见图 4.2。由于大多数乡镇没有开通镇村公交，为了提供乡至村区间农村居民出行服务，不得不将从县客运站发出的农公班直接延伸到村庄，导致县至乡客运线路长，客运运营经营成本高，发班间隔大，线路总体运营效率不高。另外，农公班运营线路还未延伸到的村庄，由于供需矛盾，存在着一些非法经营现象，运营资质低下，导致农村居民出行安全存在隐患。

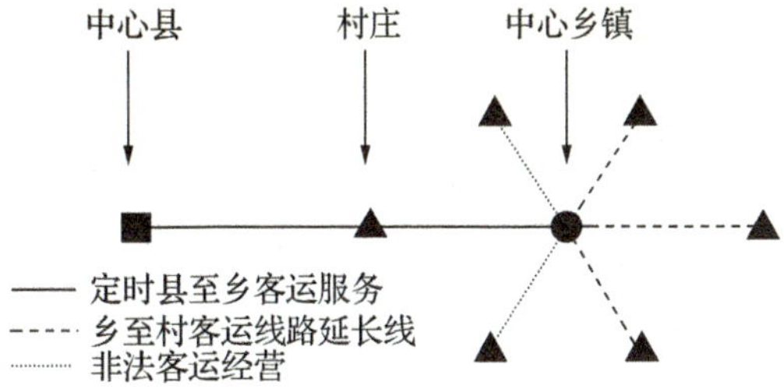

图 4.2 乡至村公路客运线路现状模式

4.2.2 农村客运运力配置

(1) 农公班车辆

徐州、淮安两市农公班共拥有 2 060 辆，座位 61 632 个，车型主要为宇通 ZK6660DF 客运车，外形为 6 610×2 240×2 830 (mm)，车内设 24 座，如图 4.3。

图 4.3 农公班车辆

(2) 镇村公交车辆

徐州、淮安两市城乡公交车辆共有 527 辆，座位 15 779 个，车型主要为宇通 ZK6732GF25 公交车，外形为7 330×2 340×2 930 (mm)，车内设 24 座，如图 4.4。

图 4.4 城乡公交车辆

4.2.3 营运运输量

徐州、淮安两市客运班线共计 479 条，日均发班次5 606次，完成客运量 6 988 万人次，客运周转量 150 564 万人·km，见表 4.3。

表 4.3 2012 年苏北徐州、淮安两市农村客运运营情况

市区	指标									
	客运班线条数（条）	平均日发班次（次）	农村客运车辆合计						农村旅客运输量	
			按等级划分			按车长分			客运量（万人）	旅客周转量（万人·km）
			合计	中级	普通	大型	中型	小型		
徐州市	317	1 038	1 616 辆	424 辆	1 165 辆	514 辆	489 辆	613 辆	4 050	85 762
			49 865 座	10 529 座	38 013 座	23 792 座	15 764 座	10 309 座		
淮安市	162	4 568	1 043 辆	148 辆	895 辆	32 辆	703 辆	308 辆	2 938	64 802
			28 869 座	5 250 座	23 619 座	1 330 座	23 206 座	4 333 座		
合计	479	5 606	2 659 辆	572 辆	2 060 辆	546 辆	11 92 辆	921 辆	6 988	150 564
			78 734 座	15 779 座	61 632 座	25 122 座	38 970 座	14 642 座		

4.2.4 镇村公交运营

自 2011 年以来，苏北 5 市相继开通镇村公交，并实行公司化经营，采取“五定四统一”服务标准（即定线路、定班次、定时间、定站点、定票价，统一安排、统一调度、统一管理、统一结算），极大地方便了当地农村居民出行，特别是农村中小学生的出行。

镇村公交运营开通及运营管理概况：

2011 年 5 月 1 日，苏北首个乡镇镇村公交在淮安市淮阴区刘老庄开通，共投入 5 辆空调公交车，3 条线路，辐射该镇所有的 10 个行政村，全程实行 1 元票价，并安装了 GPS 监控系统。

2011 年 11 月 8 日，徐州新沂市 6 个镇开通 12 条镇村公交线路，共投入客车 28 辆，营运票价为 1～2 元。

2011 年 12 月 19 日，连云港灌南县 10 个乡镇 172 个行政村，投入客车 67 辆，开辟公交线路 17 条，全部开通了镇村公交，实现了公共交通行政村全覆盖。

图 4.5　苏北某镇村公交班线、站亭

2012 年 5 月，宿迁市沭阳县交通运输局依托已建成的 18 座农村客运站，相继开通马厂、吴集、湖东、贤官、桑墟、潼阳等 7 个乡镇的镇村公交，运营线路已达 24 条。

4.3 本章小结

当前，苏北 5 市农村的公共交通服务方式以道路运输为主，因此，农村道路线网、站亭等交通基础设施的不断完善，为提升农村公共交通服务能力提供了基础保障；以县—乡为农工班线、乡镇—村为镇村公交，实现行政村覆盖的二级农村公共交通服务网络的不断完善，极大地方便了当地农村居民出行；实行农村公共交通公司化经营模式，采取“五定四统一”的服务标准，为实现公共交通服务制度化、标准化提供制度保障。总之，城乡公共交通服务均等化的步伐正在加快。

第 5 章 苏北居民出行方式预测

5.1 基于马尔可夫链苏北农村居民出行方式概率分布预测

5.1.1 马尔可夫链的基本原理

(1) 马尔可夫过程

马尔可夫过程是一种典型的随机过程。该过程是研究一个系统(如一个地区、一个工厂)的状况及其转移的理论。它通过对不同状态的初始概率以及状态之间的转移概率的研究,来确定状态的变化趋势,从而达到对未来进行预测的目的。

马尔可夫过程有两个基本特征:一是“无后效性”,即事物将来的状态及其出现的概率的大小,只取决于该事物现在所处的状态,而与以前时间的状态无关;二是“遍历性”,是指不管事物现在处于什么状态,在较长时间内,马尔可夫过程逐渐趋于稳定状况,而且与初始状况无关。

用数学语言描述马尔可夫过程就是:

设 $X(t), t\in T$ 为随机过程,若在 $t_1, t_2, \cdots, t_{n-1}, t_n$ ($t_1<t_2<\cdots<t_{n-1}<t_n\in T$)时刻对 $X(t)$ 观测得到相应的观测值 $x_1, x_2, \cdots, x_{n-1}, x_n$ 满足条件:

$$P\{X(t_n)\leqslant x_n \mid X(t_{n-1})=x_{n-1}, X(t_{n-2})=x_{n-2}, \cdots, X(t_1)=x_1\} \\ =P\{X(t_n)\leqslant x_n \mid X(t_{n-1})=x_{n-1}\} \tag{5-1}$$

或

$$F_X(x_n; t_n \mid x_{n-1}, x_{n-2}, \cdots, x_2, x_1; t_{n-1}, t_{n-2}, \cdots, t_2, t_1) \\ =F_X(x_n; t_n \mid x_{n-1}; t_{n-1})$$

则称此类过程为具有马尔可夫性质的过程或马尔可夫过程,简称马氏过程。其中,$F_X(x_n; t_n \mid x_{n-1}, x_{n-2}, \cdots, x_2, x_1; t_{n-1}, t_{n-2}, \cdots, t_2, t_1)$代表在 $X(t_{n-1})=x_{n-1}, X(t_{n-2})=x_{n-2}, \cdots, X(t_1)=x_1$ 的条件下,时刻 $X(t_n)$取 x_n 值的条件分布函数。

若把 t_{n-1} 时刻看成“现在”，因为 $t_1<t_2<\cdots<t_{n-1}<t_n$，所以 t_n 就可以看成“将来”，$t_1,t_2,\cdots,t_{n-2}$ 就当做“过去”。因此上述定义可表述为现在的状态 $X(t_{n-1})$ 取值为 x_{n-1} 的条件下，将来状态 $X(t_n)$ 的取值与过去状态 $X(t_1),X(t_2),\cdots,X(t_{n-2})$ 的取值是无关的。

(2) 马尔可夫链

马尔可夫链是指时间和状态参数都是离散的马尔可夫过程，是最简单的马尔可夫过程。也就是说，一般的马尔可夫过程所研究的时间是无限的，是连续变量，其数值是连续不断的，相邻两值之间可做无限分割，且做研究的状态也是无限多的，而马尔可夫链的时间参数取离散数值。在经济预测中，一般的时间取的是日、月、季、年。同时马尔可夫链的状态也是有限的，只有可列个状态。例如市场销售状态可取“畅销”和“滞销”两种。用蛙跳的例子来说明就是：假定池中有 N 张荷叶，编号为 $1,2,3,\cdots,N$，即蛙跳可能有 N 个状态（状态确知且离散）。青蛙所属荷叶，为它目前所处的状态，因此它未来的状态，只与现在所处状态有关，而与以前的状态无关（无后效性成立）。

用数学语言描述为：

若随机过程 $X(n),n\in T$ 满足条件：

① 时间集合取非负整数集 $T=\{0,1,2,\cdots\}$ 对应每个时刻，状态空间是离散集，记作 $E=\{E_0,E_1,E_2,\cdots\}$，即 $X(n)$ 是时间状态离散的。

② 对任意的整数 $n\in T$，条件概率满足：

$$P\{X(n+1)=E_{n+1}\mid X(n)=E_n,X(n-1)=E_{n-1},\cdots,X(0)=E_0\}$$
$$=P\{X(n+1)=E_n\mid X(n)=E_n\} \tag{5-2}$$

则称 $X(n),n\in T$ 为马尔可夫链，并记：

$$P_{ij}^{(k)}=P\{X(m+k)=E_j\mid X(m)=E_i\}(E_i,E_j\in E) \tag{5-3}$$

式(5-3)表示在时刻 m，系统处于状态 E_i 的条件下，在时刻 $m+k$，系统处于状态 E_j 下的概率。条件概率等式，意即 $X(n)$ 在时间 $m+k$ 的状态 $X(m+k)=E_j$ 的概率只与时刻 m 的状态 $X(m)=E_i$ 有关，而与 m 时刻以前的状态无关，它就是马氏性（无后效性）的数学表达式之一。

(3) 状态转移概率及其转移概率矩阵

① 一步转移概率矩阵

假设系统的状态空间为 $E=\{E_1,E_2,\cdots,E_n\}$，而每一个时间系统只能处于其中一个状态，因此每一个状态都有 n 个转向（包括转向自身），即：

$$E_i\to E_1,E_i\to E_2,\cdots,E_i\to E_i,\cdots,E_i\to E_n$$

在 m 时刻系统处于状态 E_i 的条件下，在 $m+k$ 时刻系统处于状态 E_j 下的条件概率可表示为：

$$p_{ij}^{(k)}=P\{X(m+k)=E_j\mid X(m)=E_i\}(E_i,E_j\in E) \tag{5-4}$$

当 $k=1$ 时，$p_{ij}=P\{X(m+1)=E_j \mid X(m)=E_i\}(E_i, E_j \in E)$ 即在 m 时刻系统处于状态 E_i 的条件下，在 $m+1$ 时刻系统处于状态 E_j 下的条件概率，称为由状态 E_i 经一次转移到状态 E_j 的转移概率。系统所有状态的一步转移概率的集合所组成的矩阵称为一步状态转移概率矩阵。其形式如下：

$$\boldsymbol{P}=\begin{array}{c} \\ E_1 \\ E_2 \\ \vdots \\ E_n \end{array}\begin{array}{c} \begin{array}{cccc} E_1 & E_2 & \cdots & E_n \end{array} \\ \left\{\begin{array}{cccc} p_{11} & p_{12} & \cdots & p_{1n} \\ p_{21} & p_{22} & \cdots & p_{2n} \\ \vdots & \vdots & \ddots & \vdots \\ p_{n1} & p_{n2} & \cdots & p_{nn} \end{array}\right\} \end{array} \tag{5-5}$$

此矩阵具有以下两个性质：

a. 非负性：$p_{ij} \geqslant 0, i, j=1,2,\cdots,n$

b. 行元素之和为 1，即 $\sum\limits_{j=1}^{n} p_{ij}=1, i=1,2,\cdots,n$

② k 步转移概率矩阵

由一步转移概率的定义可知，k 步转移概率就是系统由状态 E_i 经 k 次转移到状态 E_j 的概率，即可表示为：

$$p_{ij}^{(k)}=P\{X(m+k)=E_j \mid X(m)=E_i\}(E_i, E_j \in E) \tag{5-6}$$

因此，系统的 k 步转移概率矩阵就是由所有状态的 k 步转移概率集合所组成的矩阵。其形式如下：

$$\boldsymbol{P}^{(k)}=\begin{array}{c} \\ E_1 \\ E_2 \\ \vdots \\ E_n \end{array}\begin{array}{c} \begin{array}{cccc} E_1 & E_2 & \cdots & E_n \end{array} \\ \left\{\begin{array}{cccc} p_{11}^{(k)} & p_{12}^{(k)} & \cdots & p_{1n}^{(k)} \\ p_{21}^{(k)} & p_{22}^{(k)} & \cdots & p_{2n}^{(k)} \\ \vdots & \vdots & \ddots & \vdots \\ p_{n1}^{(k)} & p_{n2}^{(k)} & \cdots & p_{nn}^{(k)} \end{array}\right\} \end{array} \tag{5-7}$$

此矩阵具有以下两个性质：

a. 非负性：$p_{ij}^{(k)} \geqslant 0, i, j=1,2,\cdots,n$

b. 行元素之和为 1：即 $\sum\limits_{j=1}^{n} p_{ij}^{(k)}=1, i=1,2,\cdots,n$

5.1.2　居民出行方式的概率分布预测

（1）数据调查

以 2012 年苏北农村人口出行调查数据建立数据库，调查显示农村人口出行选择较多的交通方式分别为客车、电动车、自行车和步行。其中客车占总数的 32.6%，而电动车和自行车分别占总数的 20.3%和 19.9%，步行相对较少，但也占总数的 16.7%；农用车和私家车在数量上相对电动车和自行车较少，所以选择农用车和私家车出行较少，分别为 4.4%和 6.1%。为了方便计算在做转移概率计算时，对于农用车和私家车两种出行方式不考虑。与前一时期（2011 年）相比，本时期（2012 年）居民各种出行方式之间的变化转移基本情况如下：

① 前一时期乘公交车辆的有 90%继续乘客车，4%转移为骑电动车，2%转移为步行，4%转移为自行车。

② 前一时期骑电动车的有 86%继续骑电动车，7%转移为乘客车，1%转移为步行，6%转移为自行车。

③ 前一时期步行的居民有 8%转移为乘客车，7%转移为骑电动车，80%继续采用步行方式，5%转移为自行车。

④ 前一时期利用其他交通工具的居民有 10%转移到客车，2%转移为骑电动车，3%转移为步行方式，85%继续乘自行车。

（2）各种出行方式的概率预测

根据前述马尔可夫链理论，以各种方式出行的次数作为变量，并通过确定乘坐客车在农村居民出行方式中所占比率的变化情况，可以推算出客车的客运总量。设 P_1, P_2, P_3, P_4 分别代表乘坐客车、骑电动车、步行以及自行车的出行次数概率，那么上述变量各种状态的初始分布为：

$$(P_1, P_2, P_3, P_4) = (0.326,\ 0.203,\ 0.167,\ 0.199) \tag{5-8}$$

一步转移概率矩阵为：

$$\boldsymbol{P}_{ij} = \begin{bmatrix} 0.90 & 0.04 & 0.02 & 0.04 \\ 0.07 & 0.86 & 0.01 & 0.06 \\ 0.08 & 0.07 & 0.8 & 0.05 \\ 0.1 & 0.02 & 0.03 & 0.85 \end{bmatrix}$$

根据(5-7)式，2013 年苏北农村居民的各种出行方式比率分布预测值，可以按照以下计算过程进行：$k=3$

$$(P_1^3, P_2^3, P_3^3, P_4^3)=(P_1, P_2, P_3, P_4)\begin{bmatrix}0.90 & 0.04 & 0.02 & 0.04\\0.07 & 0.86 & 0.01 & 0.06\\0.08 & 0.07 & 0.8 & 0.05\\0.1 & 0.02 & 0.03 & 0.85\end{bmatrix}^3 \tag{5-9}$$

计算 2013 年的各种出行方式比率的分布(取 $k=1$)：

$$P_j^1=\sum_{i=1}^{4} P_i \cdot P_{ij}^1$$

$$\begin{aligned}P_1^1 &= \sum_{i=1}^{4} P_i \cdot P_{i1}^1=P_1 \cdot P_{11}^1+P_2 \cdot P_{21}^1+P_3 \cdot P_{31}^1+P_4 \cdot P_{41}^1\\&=0.326\times0.90+0.203\times0.07+0.167\times0.08+0.199\times0.1=0.341\end{aligned}$$

$$\begin{aligned}P_2^1 &= \sum_{i=1}^{4} P_i \cdot P_{i2}^1=P_1 \cdot P_{12}^1+P_2 \cdot P_{22}^1+P_3 \cdot P_{32}^1+P_4 \cdot P_{42}^1\\&=0.326\times0.04+0.203\times0.86+0.167\times0.07+0.199\times0.02=0.203\end{aligned}$$

$$\begin{aligned}P_3^1 &= \sum_{i=1}^{4} P_i \cdot P_{i3}^1=P_1 \cdot P_{13}^1+P_2 \cdot P_{23}^1+P_3 \cdot P_{33}^1+P_4 \cdot P_{43}^1\\&=0.326\times0.02+0.203\times0.01+0.167\times0.8+0.199\times0.03=0.148\end{aligned}$$

$$\begin{aligned}P_4^1 &= \sum_{i=1}^{4} P_i \cdot P_{i4}^1=P_1 \cdot P_{14}^1+P_2 \cdot P_{24}^1+P_3 \cdot P_{34}^1+P_4 \cdot P_{44}^1\\&=0.326\times0.04+0.203\times0.06+0.167\times0.05+0.199\times0.85=0.203\end{aligned}$$

从而得到 2013 年的各种出行方式的概率分布为：

$$(P_1^1, P_2^1, P_3^1, P_4^1)=(0.341,\ 0.203,\ 0.148,\ 0.203)$$

在 2013 年预测的出行方式概率基础上又可以预测 2014 年，依此类推。

这个马尔可夫的状态空间中只有四个元素，因此是有限的，记作 $C=\{1,2,3,4\}$。由于矩阵中每一个转移概率 $p_{ij}>0$，说明这四个状态是互通的，$1\leftrightarrow2\leftrightarrow3\leftrightarrow4$，因此这个有限马尔可夫链是不可约的。

又 $p_{11}\neq0$，这说明状态 1 是非周期的，因而整个链是非周期的。可知平稳分布必存在。

根据转移概率阵可列出平稳方程如下：

$$\begin{cases}v_1=0.09v_1+0.07v_2+0.08v_3+0.10v_4\\v_2=0.04v_1+0.86v_2+0.07v_3+0.02v_4\\v_3=0.02v_1+0.01v_2+0.80v_3+0.03v_4\\v_4=0.04v_1+0.06v_2+0.05v_3+0.85v_4\\v_1+v_2+v_3+v_4=1\end{cases} \tag{5-10}$$

借助 EXCEL 计算求得平稳分布{0.4591，0.2112，0.0921，0.2376}，也就是说农村居民出行在未来将会稳定在有 45.91% 的人选择乘坐客车，21.12% 的人选择骑电动自行车，

9.21% 的人选择步行,23.76%选择自行车或其他交通工具。

5.2 苏北居民出行方式选择非集计模型构建

5.2.1 非集计模型基本理论及适应性

(1) 非集计模型的介绍

通常,出行者在出行前都要做一些选择,包括是否出行(出行频率),去何地(目的地),何时出行(出发时间),采用何种交通方式(出行方式),走哪条路(出行路径)等。出行者的最终出行活动就是上述每一步决策相组合的结果。如何用一种模型将这些决策行为都描述出来,是出行决策行为预测首先要解决的问题。另外,通常出行决策受出行者的个人及其家庭的社会经济属性、出行起讫小区属性以及交通系统内部属性等的影响。如何用一个模型将这些因素考虑在内,是要解决的第二个问题。最后,为了描述和预测出行者在众多的选项中选择某一选项的行为,需要在合理的交通行动和完全随机的选择行为的范围内,找到一个符合选择行为本身规律的决策规则,以此为根本进行建模。如何找到这个决策规则,是需要解决的第三个问题。

非集计模型可以解决以上三个问题。首先,非集计模型实际上就是一个概率选择模型,可以在一个选择集中根据一定规则,通过模型计算,将最佳选项选择出来。因此,自从 20 世纪 60 年代非集计模型应用于交通方式的选择预测之后,研究人员发现它可以解决几乎所有决策预测问题。很显然,也可以描述包括出行频率、出行目的、出行路径选择等出行行为决策。其次,非集计模型认为个人关于每个选择肢的效用值由个人自身的特性和选择肢的特性共同决定。针对出行行为预测,非集计模型可以将出行者属性、出行行为特性、交通系统属性等三方面的影响因素都考虑在内。最后,为了描述出行决策行为,非集计模型做了一个合理的假设,即效用最大化行为假说。它认为个人在面对一个可以选择的、各选择肢相互独立的集合时,会选择他认为对自己来说效用最大的选择肢,并以此为根本进行建模,从而找到了一个符合选择行为本身规律的决策规则,解决了第三个问题。从以上分析可以看出,非集计模型比较适合进行居民出行行为的描述和出行决策过程的预测。非集计模型的核心包括三个概念和两个假设:

选择肢(Alternative):可供选择的选项;

变量(Variable):对个人决策过程产生影响的因素;

效用(Utility):某个选择肢具有的令人满意的程度。

假设一:个人在每次决策时总是选择效用值最大的选择肢;

假设二： 个人关于每个选择肢的效用值由个人自身的特性和选择肢的特性共同决定。

假设一即为效用最大化理论，它是非集计模型的理论基础，不管非集计模型的具体形式如何，都首先假设选择过程服从这一假说。其中，效用可由出行者个人的社会经济变量和选择肢特性变量表示如下：

$$U_{in}=U_{in}(\overrightarrow{SE}_n, \boldsymbol{A}_{in}) \tag{5-11}$$

式中，$\overrightarrow{SE}_n$——个人 n 的社会经济特性向量；

$\boldsymbol{A}_{in}$——对个人 n 来说选择肢 i 的特性值向量；

U_{in}——反映个人 n 的喜好的函数，也即个人 n 的效用函数，可表示为：

$$U_{in}=V_{in}+\varepsilon_{in} \tag{5-12}$$

式(5-12)中：V_{in} 表示可以观测的要素向量的效用，ε_{in} 表示不可观测要素向量以及个人特有的不可观测的喜好导致的效用的概率变动项。

在具体形式上，效用函数可以由一种或多种函数形式表达，考虑到结果分析和参数标定方便，目前通常采用线性函数作为效用函数的表达形式，即，

$$V_{in}=\sum_{k=1}^{K}\theta_k X_{kin} \tag{5-13}$$

式中，X_{kin} 是个人 n 的选择肢 i 的第 k 个变量值，θ_k 是待定系数。

非集计模型是根据经济学的基础理论提出的，不仅是对个人行为的记述和表现，而且是建立在合理的选择标准基础上的。这些都使非集计模型的理论与应用研究成为当今规划领域的热点研究课题之一。目前，非集计模型仍然是一个新兴的发展领域，各个分支都有新的成果不断涌现，目前包括的非集计模型就有十几种。本课题主要选择 logit 模型中的多项 logit 模型，即 MNL 模型为农村居民出行方式选择进行研究。

多项 Logit 模型是非集计模型中常用的模型之一。MNL 模型具有数学形式简洁，物理意义容易理解的特点，加上具有选择概率在[0,1]之间，各选择肢的选择概率总和为 1 的合理性，近年来被广泛应用于交通等学术领域的模拟预测中。

(2) 确定极大似然函数

效用函数常用为线性形式。其表达式可写为：

$$V_{in}=\boldsymbol{\theta X}_{in}=\sum_{k=l}^{K}\theta_k X_{ink}, (i\in A_n) \tag{5-14}$$

式中，$\boldsymbol{\theta}=(\theta_l,\cdots,\theta_k)^{\mathrm{T}}$——未知的参数向量；

$\boldsymbol{X}_{in}=(X_{inl},\cdots,X_{ink},\cdots,X_{inK})$——出行者 n 的选择方案 i 的影响向量。

则选择概率可以写成公式：

$$P_{in}=\frac{e^{\boldsymbol{\theta X}_{in}}}{\sum_{j\in A_n}e^{\boldsymbol{\theta X}_{jn}}}=\frac{1}{\sum_{j\in A_n}e^{\sum_{k=l}^{K}\theta_k(X_{jnk}-X_{ink})}}, (i\in A_n) \tag{5-15}$$

引入变量 δ_{in}，$\delta_{in}=\begin{cases}1,\text{出行者 } n \text{ 选取选择方案 } i \text{ 时},\\0,\text{出行者 } n \text{ 未选取选择方案 } i \text{ 时},\end{cases}$ 则出行者的同时概率为：

$$L^{*}=\prod_{n=l}^{N}\prod_{i\in A_n}(P_{in})^{\delta_{in}} \tag{5-16}$$

式中，N——样本数据中出行者总数；

P_{in}——出行者 n 中选择方案 i 的概率。

其对数似然函数 L 为：

$$L=\ln L^{*}=\sum_{n=l}^{N}\sum_{i\in A_n}\delta_{in}\ln P_{in}=\sum_{n=l}^{N}\sum_{i\in A_n}\delta_{in}\left(\boldsymbol{\theta X}_{in}-\ln\sum_{j\in A_n}\mathrm{e}^{\boldsymbol{\theta X}_{jn}}\right) \tag{5-17}$$

L 是关于 $\boldsymbol{\theta}$ 的凸函数。因此 L 最大的极大似然估计向量 $\hat{\boldsymbol{\theta}}$，可以通过用 θ_k 对式(5-17)求导后设其为 0 求得。

$$\frac{\partial L}{\partial\theta_k}=\sum_{n=1}^{N}\sum_{i\in J_n}\delta_{in}\left[X_{ink}-\frac{\sum_{j\in J_n}X_{jnk}\,\mathrm{e}^{\boldsymbol{\theta X}_{jn}}}{\sum_{j\in J_n}X_{ink}\,\mathrm{e}^{\boldsymbol{\theta X}_{jn}}}\right]=0,(k=1,2,\cdots,K) \tag{5-18}$$

显然 $\sum_{i=1}^{I_n}\delta_{in}=1$，$I_n$ 为 A_n 中包含的方案 i 的个数，利用式(5-15)及 $\sum_{i=1}^{I_n}\delta_{in}=1$，式(5-18)可简化为：

$$\sum_{n=1}^{N}\sum_{i\in A_n}(\delta_{in}-P_{in})X_{ink}=0,(k=1,2,\cdots,K) \tag{5-19}$$

(3) 确定梯度向量和荷塞(Hessian)矩阵

用 $\boldsymbol{\theta}$ 对式(5-19)进行微分后设其为 0 建立联立方程式，该联立方程式的解即是当 L 最大时的最优估计值 $\hat{\boldsymbol{\theta}}$。这里称用 θ_k 对 L 进行微分所得到的向量为梯度向量，用 $\bigtriangledown L$ 来表示，$\bigtriangledown^2 L$ 称为荷塞(Hessian)矩阵：

$$\bigtriangledown L=\begin{bmatrix}\partial L/\partial\theta_l\\ \cdots\\ \partial L/\partial\theta_k\\ \cdots\\ \partial L/\partial\theta_K\end{bmatrix}=\begin{bmatrix}\sum_{n=l}^{N}\sum_{i\in J_n}(\delta_{in}-P_{in})X_{inl}\\ \cdots\\ \sum_{n=l}^{N}\sum_{i\in J_n}(\delta_{in}-P_{in})X_{ink}\\ \cdots\\ \sum_{n=l}^{N}\sum_{i\in J_n}(\delta_{in}-P_{in})X_{inK}\end{bmatrix} \tag{5-20}$$

$$\nabla^2 L=\begin{bmatrix} \partial^2 L/\partial\theta_l^2 & \cdots & \partial^2 L/\partial\theta_l\partial\theta_K \\ \partial^2 L/\partial\theta_2\partial\theta_l & \cdots & \partial^2 L/\partial\theta_2\partial\theta_K \\ \cdots & \cdots & \cdots \\ \partial^2 L/\partial\theta_K\partial\theta_l & \cdots & \partial^2 L/\partial\theta_K^2 \end{bmatrix} \tag{5-21}$$

(4) 计算估计值$\hat{\boldsymbol{\theta}}$

求解似然函数 L 极大时的估计值$\hat{\boldsymbol{\theta}}$，即求式 $\nabla L=0$ 的 K 阶联立非线性方程。可采用牛顿一拉普松法解该方程。

(5) 非集计理论适应性分析

从 20 世纪 70 年代以来，国内外学者应用非集计模型研究了很多交通出行问题，取得了很多成果。农村人口的出行因其自然地理状况和劳作方式等的特殊性，个人和家庭因素对其出行规律影响很大，出行方式在选择过程中不能用一般的模型进行描述，因其出行的离散性和非线性使得相关模型计算所得结果误差很大，而非集计理论在这方面显示了较好的适应性。

5.2.2　农村居民出行方式选择的影响因素分析

居民出行方式选择指出行过程中交通工具的分配与选择，也即人或物的出行次数在不同交通工具之间的划分。在农村居民村级范围的出行中，主要是步行、电动车，距离较远的出行中，主要是自行车、客运班车和小汽车。

交通方式选择问题是交通规划和政策制定中的重要组成部分，它影响农村居民的出行的效率。每种交通方式所分担的出行量，叫做该方式的分担率。如果农村交通的方式分担率在合理的范围内，有限的农村交通空间就能得到合理利用，交通拥挤问题就可以得到缓解。交通方式选择模型是交通规划中最重要的经典模型之一，是传统“四阶段”模型中唯一的非集计模型，也是出行需求预测模型中比较复杂的一个模型。建立方式选择模型的意义在于根据出行者的个人及家庭的社会经济属性预测出其选择某种方式的概率，得到各种交通方式总的分担率，进而对其分布的合理性进行评价和提出改进建议，以有效地利用道路空间，使农村道路得到充分的利用。

出行并不是出行者真正的目的，而是完成出行目的的一个必需的过程。出行者的出行行为受其交通需求心理的支配，出行者最关心的是能否用较少的费用(指广义费用)迅速、准时地到达目的地，因此，出行者在出行前会考虑起讫点之间的各种可用的出行方式，通过判断，选出自己最满意的一种方式。因此方式选择模型应该能够尽量贴切地模仿出行者的判断过程，即要求我们将所有影响出行者方式选择的主要因素都考虑到。一般认为，影响农村居民出行方式选择的因素可分为出行者特性、出行距离和地理环境三个方面。

出行者特性指出行者个人或家庭的基本属性，如家中车辆拥有情况（家中是否有小汽车、自行车等）将直接影响到出行者是否有条件采取小汽车、自行车等方式出行。而出行者的年龄、家庭结构及家庭收入等也将间接影响到他的出行方式选择。

出行距离集中在 0～8 km 范围内农村人口以步行和电动车出行的比例最大，这比较符合农村电动车普及和方便的实际情况，也符合农村人口短途出行的一般规律。当出行距离为 8.1～15 km 时，出行方式以自行车为主，其次是客运班车和小汽车，这与我国经济发展水平有很大关系，农民人均收入增加，可以购置经济性和速度相对适中的交通工具，自行车比较符合要求，成为农村人口中短途出行的主要交通工具。而对距离在 15 km 以上的出行，客运班和小汽车就成为主要交通工具。

另外，出行方式和地理环境也有较强的相关性，如山区农村人口相对于平原地区，在出行方式中选择电动车出行就较少，因为电动车不适合在山区道路行驶。由于苏北地处平原地带，所以地理环境不作为考虑因素。

5.2.3 基于非集计的苏北农村居民交通出行调查

由于非集计模型是以个人为研究对象，为研究农村人口出行规律，采取以农村人口个人为调查对象，对其个人属性、家庭属性和出行属性进行了调查。

(1) 个人属性

个人属性通常包括：性别、年龄、身高、职业、文化程度、籍贯等诸多方面。考虑到交通出行中，某些个人属性对行为决策可能产生影响，结合前人研究，选取性别、年龄、文化程度和职业作为此次调查的个人属性。

(2) 家庭属性

家庭属性通常包括：家庭人口数、家庭成员、家庭成员年龄、文化程度、职业、家庭年收入及家庭拥有交通工具情况等诸多方面。家庭属性中某些因素会对交通行为决策产生影响。参考前人研究，选取家庭人口数、男女构成、年龄状况（0～6 岁、7～12 岁、13～18 岁、19～40 岁、41～60 岁和 61 岁以上）、成员文化程度、家庭年总收入（5 000 元以下、5 000～10 000元、10 001～15 000 元、15 001～20 000 元及 20 000 元以上）、职业及家庭拥有交通工具情况（电动车、自行车、农用车和小汽车）；其中，电动车包括普通电动车和电动三轮车，农用车包括三农车、农用货车等参与运输的车辆。

(3) 出行属性

出行属性一般包括：出行距离、目的、目的地、时间、次数和费用等诸多复杂因素，农村人口出行属性不同于城市居民，如出行时间集中、基本无换乘、出行次数少，所以对其出行属性的选取需结合农村人口出行一般规律，对具体选项内容也要根据现实情况确定。

农村人口出行属性及选项如下：

① 一般出行：

一般目的地及里程(邻村、镇上、县城、市区、省城及其他)、外出考虑首要因素(方便性、安全性、费用、耗用时间、舒适度)、单日出行次数。其中，单日出行次数考虑记忆偏差及完成度，采用昨日为调查日期，方便调查对象回忆，确保准确性及完成度，并以出村庄为出行的计算规则。

② 具体出行：

具体出行以最近一次出行为调查对象，详细获得出行属性。内容包括：

a. 出行目的：

以前期掌握农村人口出行一般规律为依据，划分为 8 类：进城购物、经商、赶集会、上学、看病、打零工、走亲戚、其他。

b. 出行目的地：

以农村人口日常出行目的地为选项，划分为 6 类：邻村、镇上、县城、市区、省城及其他。

c. 出行距离：

结合上述出行目的地，大体以各目的地为出行距离划分依据，划分为 5 类：0～3 km、3.1～8 km、8.1～15 km、15.1～30 km、30 km 以上。

d. 出行方式：

以前期掌握农村人口出行一般规律为依据，划分为 7 类：步行、电动车、自行车、农用车、客车、私家车、其他。

e. 花费时间：

划分为 7 类：0.5 h 之内、0.5～1 h、1～1.5 h、1.5～2 h、2～2.5 h、2.5～3 h、3 h 以上。

f. 出发和到达时间：

以前期掌握农村人口出行一般规律为依据，划分为 9 类：0:01～4:00、4:01～6:00、6:01～8:00、8:01～10:00、10:01～12:00、12:01～14:00、14:01～16:00、16:01～19:00、19:01～24:00。

g. 出行费用：

以实际费用为调查对象；是否更换交通方式，如更换交通方式，需填等车耗费时间。其中，如农村人口步行至村口或农村客车点，再搭乘客车或其他车辆，当作未更换交通方式。

h. 服务水平：

出行环境服务水平以农村人口自我满意度为衡量方法，分为：满意、比较满意、不太满意和不满意四个等级。

5.2.4 苏北农村居民出行方式 MNL 模型建立与标定

(1) 出行方式选择建模思路

MNL 模型是在假设式(5-12)中 ε_{in} 和 V_{in} 相互独立，而且 ε_{in} 服从 Gumbel 分布的前提下推导出来的。假设出行者 n 选择方案集合 A_n 中包含方案 j 的个数为 J_n，其中 $j \in A_n, j=1, 2, \cdots, j_n$，则第 n 个出行者选择第 i 种出行策略的概率为：

$$P_{in} = \frac{e^{V_{in}}}{\sum_{j \in A_n} V_{jn}} = \frac{e^{V_{in}}}{\sum_{j=l}^{J_n} e^{V_{jn}}} \tag{5-22}$$

式中，i、j——出行选择；

J_n——出行选择方案中包含的出行选择 j 的个数。

依据农村人口出行的基本特征以及非集计理论对出行者出行方式选择的属性要求，MNL 模型的具体建模和计算流程如图 5.1 所示。

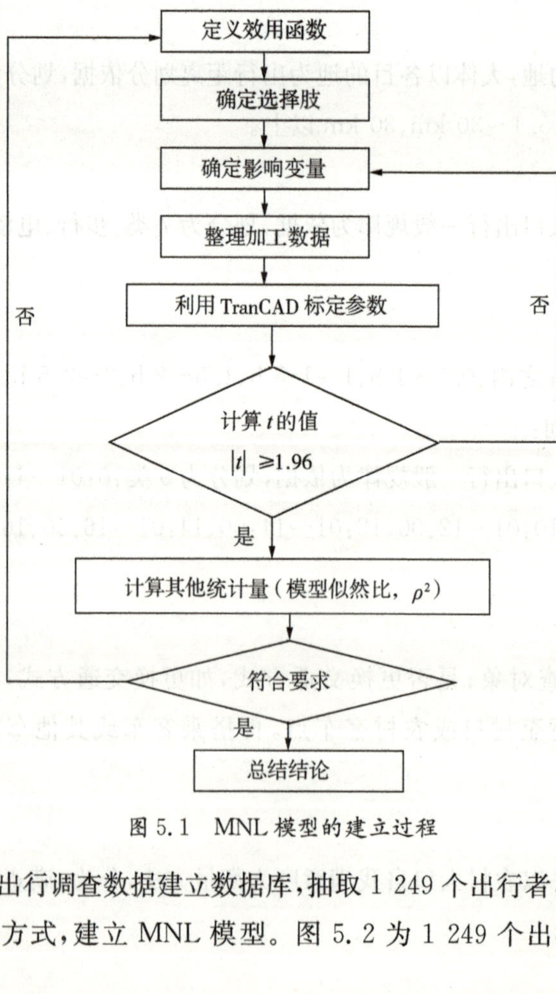

图 5.1 MNL 模型的建立过程

以苏北农村人口出行调查数据建立数据库，抽取 1 249 个出行者，利用非集计模型和理论分析农村人口出行方式，建立 MNL 模型。图 5.2 为 1 249 个出行者的出行方式选择比例。

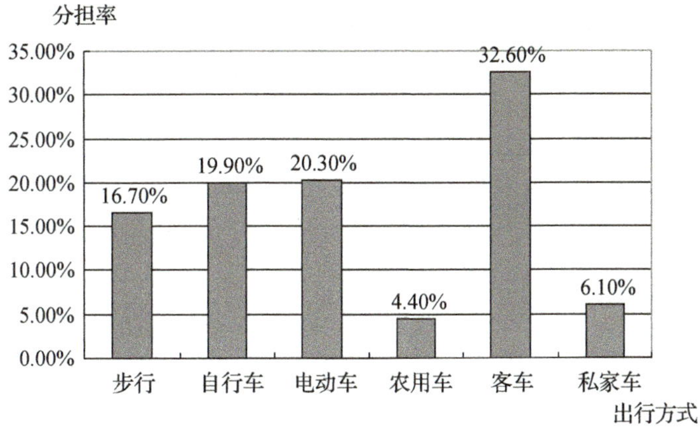

图 5.2　苏北农村居民出行方式调查

由图 5.2 可知，农村人口出行选择较多的交通方式分别为客运班车、电动车、自行车和步行。其中客车占总数的 32.6%，而电动车和自行车分别占总数的 20.3%和 19.9%，步行相对较少，但也占总数的 16.7%；农用车和私家车在数量上相对电动车和自行车较少，所以选择农用车和私家车出行较少，分别为 4.4%和 6.1%。农村人口出行时经济因素为很多出行者的首要选择，而农村公共交通价格非 1 元或 2 元全程制，所以选择私人交通还是占很大比例，但本课题所获得数据 32.6%的客车选择比例可表明：近年来，随着国家新农村建设进程的加快和市场经济发展的深入，农村社会经济水平已有长足的进步，公共交通建设已有很大改善，客运网络已初步建成，公共交通已逐渐成为出行主要交通方式。

(2) 选择肢和影响变量的确定

根据农村人口出行数据的调查统计，出行方式一般有步行、骑电动车、骑自行车、驾驶农用车、乘客车、驾私家车 6 种形式，即模型的选择肢可定义为：步行、电动车、自行车、农用车、客车和私家车。

综合考虑非集计模型对出行者属性要求和农村人口的出行特征，影响出行方式选择的主要因素可为：个人、家庭和出行属性，各属性所包含影响因素及定义变量如表 5.1 所示。

表 5.1　MNL 模型变量及其说明

属性	影响因素	变量	说明
个人属性	性别	X_1	男性 1，女性 2
	年龄	X_2	实际年龄数值
	受教育程度	X_3	划分为四级：小学及以下、初中、高中、大学及以上，X_3 取值为 0～3

续表

属性	影响因素	变量	说明
家庭属性	家庭年总收入	X_4	划分为 5 级：5 000 元以下、5 001～10 000 元、10 001～15 000 元、15 001～20 000 元、20 000 元以上，X_4 取值为 0～4
	电动车拥有量	X_5	0，1，2，…
	自行车拥有量	X_6	0，1，2，…
	农用车拥有量	X_7	0，1，2，…
	私家车拥有量	X_8	0，1，2，…
出行属性	出行距离	X_9	划分为 5 段：0～3 km、3～8 km、8.1～15 km、15.1～30 km、30 km 以上，X_9 取值为 0～4
	出行目的	X_{10}	划分为 8 类：进城购物、经商、赶集会、上学、看病、打零工、走亲戚、其他，X_{10} 取值为 0～7
	所需时间	X_{11}	划分为 7 类：0.5 h 以内、0.5～1 h、1～1.5 h、1.5～2 h、2～2.5 h、2.5～3 h、3 h 以上；X_{11} 取值 0～6

(3) 模型参数的标定与分析

应用交通分析软件 TransCAD 进行模型参数标定，具体各参数结果如表 5.2 所示。

表 5.2　MNL 模型参数标定结果

影响因素	变量	参数值	标准差	t 检验值
性别	X_1	0.562 387	0.242 965	2.314 682
年龄	X_2	−0.008 536	0.002 955	−2.888 642
受教育程度	X_3	0.411 215	0.130 028	3.162 509
家庭年总收入	X_4	0.230 717	0.030 895	7.467 746
电动车拥有量	X_5	0.510 874	0.065 955	7.745 798
自行车拥有量	X_6	1.440 383	0.091 523	15.737 871
农用车拥有量	X_7	0.795 580	0.304 092	2.616 244
私家车拥有量	X_8	3.444 927	0.290 906	11.842 077
出行距离	X_9	−1.075 077	0.046 889	−22.927 898
出行目的	X_{10}	0.158 380	0.045304	3.495 964
所需时间	X_{11}	−0.169 362	0.106070	−1.596 704
$N=1\ 294;L(0)=-2\ 237.542\ 934;L(\theta)=-1\ 696.353\ 3;-2[L(0)-L(\theta)]=1\ 082.379\ 268;\rho^2=0.241\ 868$				

由表 5.2 可知，出行所需时间的参数 t 检验值为−1.596 704，其绝对值小于 1.96，其他各影响变量的参数 t 检验值的绝对值皆大于 1.96。依据统计理论，在变量对选择肢产生影响的置信度为 95%的情况下，如果 t 的绝对值大于或等于 1.96，且参数的符号正确，表示该变量对选择结果影响显著。

然而 t 检验不符合要求并不能绝对地说明变量不重要。在许多模型标定实例中，即使某个变量的 t 值不符合要求，如果凭以往经验认为它对结果会产生影响，也可以考虑将其保留。如本课题中的出行所需时间一项，尽管 t 的绝对值为 1.596 704<1.96，但是现实经验以及其他学者所做相关研究表明，出行所需要的时间对出行方式选择有很大影响，应该保

留;其他影响变量参数的 t 检验值绝对值皆大于 1.96,所以检验结论表明,以上 11 个特征变量对农村人口出行选择行为都有显著影响。

模型似然比检验值 $-2[L(0)-L(\theta)]=1\ 082.379\ 268>\chi^2_{0.05}=19.675$,说明在 5% 显著性水平,拒绝假设 $H_0:\theta_1=\theta_2=\cdots=\theta_k=0$,服从自由度为 11 的 χ^2 分布。表明模型所选择的特性变量对农村人口出行方式选择行为有着显著的影响。

所建模型的决定系数 ρ^2 为:

$$\rho^2=1-\frac{-1\ 696.353\ 3}{-2\ 237.542\ 934}=0.241\ 868$$

说明模型与实际情况的吻合度很好,模型正确。

5.3 苏北农村居民出行方式 MNL 模型的验证

(1) 出行方式的统计值与计算值比较

由上述可得各出行方式参数结果如表 5.3 所示。

表 5.3 不同出行方式变量及参数

参数名	变量	步行	电动车	自行车	农用车	客车	私家车
性别	X_1	0.562 387	0.562 387	0.562 387	0.562 387	0.562 387	
年龄	X_2	−0.008 536		−0.008 536	−0.008 536	−0.008 536	−0.008 536
受教育程度	X_3	0.411 215	0.411 215	0.411 215	0.411 215	0.411 215	
家庭年总收入	X_4	0.230 717					0.230 717
电动车拥有量	X_5		0.510 874				
自行车拥有量	X_6			1.440 383			
农用车拥有量	X_7	0.795 580	0.795 580	0.795 580	0.795 580	0.795 580	
私家车拥有量	X_8						3.444 927
出行距离	X_9	−1.075 077	−1.075 077	−1.075 077	−1.075 077		−1.075 077
出行目的	X_{10}	0.158 380	0.158 380	0.158 380	0.158 380	0.158 380	
所需时间	X_{11}	−0.169 362	−0.169 362	−0.169 362	−0.169 362	−0.169 362	

根据上述标定参数及公式(5-14),得出各出行方式的效用函数如下:

$$V_{步行}=0.562\ 387X_1-0.008\ 536X_2+0.411\ 215X_3+0.230\ 717X_4+0.795\ 580X_7-1.075\ 077X_9+0.158\ 380X_{10}-0.169\ 362X_{11}$$

$$V_{电动车}=0.562\ 387X_1+0.411\ 215X_3+0.510\ 874X_5+0.795\ 580X_7-1.075\ 077X_9$$

$$+0.158\,380X_{10}-0.169\,362X_{11}$$

$$V_{自行车}=0.562\,387X_1-0.008\,536X_2+0.411\,215X_3+1.440\,383X_6+0.795\,580X_7-1.075\,077X_9+0.158\,380X_{10}-0.169\,362X_{11}$$

$$V_{农用车}=0.562\,387X_1-0.008\,536X_2+0.411\,215X_3+0.795\,580X_7-1.075\,077X_9+0.158\,380X_{10}-0.169\,362X_{11}$$

$$V_{客车}=0.562\,387X_1-0.008\,536X_2+0.411\,215X_3+0.795\,580X_7+0.158\,380X_{10}-0.169\,362X_{11}$$

$$V_{私家车}=-0.008\,536X_2+0.230\,717X_4+3.444\,927X_8-1.075\,077X_9$$

将获得的效用函数分别代入式(5-22),可得各出行方式选择概率公式,另外选取1 200份数据代入选择概率公式可获得各出行方式选择概率值,对所得选择概率值进行平均值计算,即为模型预测各出行方式选择概率的平均值,具体如表5.4所示。

表5.4 不同出行方式的统计值与计算值

出行方式	步行	电动自行车	自行车	农用车	公交车	私家车
统计值(%)	17.2	20.1	19.5	3.9	33.6	5.7
计算值(%)	13.1	19.8	20.1	7.3	32	7.6
绝对误差(%)	4.1	0.3	0.6	3.4	1.6	1.9

由表5.4可得,模型计算的农村人口各出行方式与实际统计数据基本吻合,各项绝对误差值较小,且最大绝对误差值仅为4.1%,故模型影响因素选取合理,有效性较高。

(2) *模型灵敏度分析*

在对农村人口出行方式灵敏度分析之前,需引入“弹性”这一概念。弹性的概念源于微观经济学中的价格理论。在价格理论中,弹性是指需求量或供给量变动对价格或其他因素变动的敏感程度。由于交通供需关系在很大程度上类似于经济学中的供需关系,因此,可以借用这个概念来分析交通需求。对“弹性”的衡量通常用“弹性值(Elasticity)”来表示,就其数量意义而言,弹性就是当变量之间存在相互依存关系(即统计上的相关关系)时,一变量对另一变量变动的反映程度。可见,弹性值是一个相对数,它衡量某一变量的相对变动所引起的另一变量变动的反映程度,其大小是两个变量变化率之比。根据非集计理论所建立的模型,选择交通行为i的概率对其第k个特性变量的弹性值计算公式为:

$$E_{X_{in}}^{P_{in}}=\theta_k X_{ink}(1-P_{in}) \tag{5-23}$$

式中,θ_k——第k个变量对应的未知参数;

P_{in}——出行者n选择方案i的概率;

X_{ink}——出行者n的第i个方案中所包含的第k个特性变量。

在非集计模型中计算弹性时,可以采用平均值法也可以采用选择概率加权法。平均值

法将研究对象全体平均值的 $\overline{X}$ 代入计算，而选择概率加权则先计算出每个人的弹性值，然后通过选择概率加权。本课题选择了平均值法求解弹性值。弹性值的绝对值可以从 0 到无穷大，在不同范围有不同意义（下文中弹性值绝对值用 $|E|$ 表示）。具体范围及意义如表 5.5 所示。

表 5.5 弹性值范围及意义

弹性值绝对值 $\|E\|$ 的范围	名称	意义
$\|E\|=0$	完全无弹性	因素发生变化时，结果完全没有变化
$0<\|E\|<1$	缺乏弹性	结果变化的百分比小于因素变化的百分比
$\|E\|=1$	单位弹性	结果的变化百分比和因素变化的百分比相等
$\|E\|>1$	富有弹性	结果的变化百分比大于因素变化的百分比
$\|E\|=+\infty$	完全有弹性	因素任何微小的变化都可以导致结果无穷的变

弹性值的变化对于选择结果不一定能产生根本性改变，但是 $|E|$ 的大小不同、所处范围的不同，对选择结果的变化程度往往会产生很大影响。弹性值只能反映某因素对结果的变化程度，不能决定结果。如因素变化程度大，但是选择结果有可能无变化，或变化程度小，但选择结果变化大。

对出行方式选择模型分别设定了个人属性（性别、年龄、受教育程度）、家庭属性（收入水平）和出行属性（距离、目的、出行满意度），各属性灵敏度如下。

① 个人属性灵敏度

由农村人口出行调查数据中，可统计出各出行方式的家庭属性平均值 $\overline{X}$。由模型参数标定得到性别、年龄、受教育程度的参数估计值 θ 分别为 0.562 387、−0.008 536 和 0.411 215，将 θ、$\overline{X}$ 以及各出行方式的选择概率 P 值代入弹性值计算公式(5-23)，即可计算出不同个人属性对农村人口出行方式选择概率的弹性值，如表 5.6 所示。

表 5.6 不同出行方式个人属性弹性值

出行方式	选择概率	参数值 θ	性别平均值 $\overline{X}$	弹性值 E	参数值 θ	年龄平均值 $\overline{X}$	弹性值 E	参数值 θ	受教育程度平均值 $\overline{X}$	弹性值 E
步行	0.131 326	0.562 387	0.531 100	0.259 459	−0.008 536	39.88 995	−0.29 5784	0.411 215	1.129 187	0.403 359
电动车	0.198 146	0.562 387	0.537 255	0.242 276	−0.008 536	35.86 719	−0.24 5497	0.411 215	1.195 313	0.394 136
自行车	0.201 441	0.562 387	0.693 548	0.311 472	−0.008 536	34.75 403	−0.23 6 901	0.411 215	1.225 806	0.402 529
农用车	0.072 983	0.562 387	0.763 636	0.398 116	−0.008 536	34.56 364	−0.27 3503	0.411 215	0.963 636	0.367 341

续表

出行方式	选择概率	参数值 θ	性别平均值 $\overline{X}$	弹性值 E	参数值 θ	年龄平均值 $\overline{X}$	弹性值 E	参数值 θ	受教育程度平均值 $\overline{X}$	弹性值 E
客车	0.320 201	0.562 387	0.570 025	0.217 926	−0.008 536	32.43 735	−0.18 8 226	0.411 215	1.528 256	0.427 214
私家车	0.075 904	0.562 387	0.662 338	0.344 217	−0.008 536	36.84 416	−0.29 0630	0.411 215	1.454 545	0.552 730

由表 5.6 可得，出行方式对应个人属性的$|E|$均小于 1，说明个人属性对出行方式缺乏弹性，即个人属性的变化对于出行方式选择概率的变化程度影响较小。

a. 性别对出行方式的影响

由表 5.6 知，各出行方式对应的性别平均值 $\overline{X}$ 均大于 0.5，且自行车、农用车和私家车出行人口的性别比都在 0.7 左右，说明农村人口出行者男性占主要部分，而在自行车、农用车和私家车这三种交通工具的选择上，男性的比例明显大于女性，步行、电动车和客车三种交通方式的选择也是男性多于女性。这与农村人口男性作为社会主要活动人员有很大关系，女性很少单独驾驶自行车、农用车和私家车。

自行车、农用车和私家车对应的个人属性$|E|$为 0.31 以上，步行、电动车和客车对应的个人属性弹性值为 0.23 左右，说明性别的变化对于前三种交通方式选择概率影响程度大于后三种交通方式。其中$|E|_{农用车}$最大约为 0.4，则性别的变化对农用车选择概率的变化程度影响比其他方式显著。

b. 年龄对出行方式的影响

通过分析各出行方式对应的年龄平均值可得，步行的平均值最大，其次是私家车，最小的是客车。农村人口活动出行中，老年人由于经济条件所限，在日常出行中，偏向于步行；私家车由于同家庭经济收入水平关系较大，一般来说，年轻人的经济水平要略低，所以选择私家车出行的农村人口其年龄平均值也较大；客车作为公共交通工具，各年龄层次的农村人口选择其作为出行工具相对较容易和普遍，为一般少年儿童和年轻人出行的主要交通工具，所以年龄平均值在农村人口主要活动年龄(18～60 岁)平均值中最小。

分析各$|E|$可得，$|E|_{客车}$最小，即年龄的变化对于客车出行方式选择概率影响最小，农村人口出行时不会因为年龄的不同而对乘坐公交车选择有很大变化；$|E|_{步行}$最大，说明年龄对步行出行方式选择概率的变化程度最大，这主要与各年龄阶段出行者的想法不一样有关系，年轻人一般不愿意步行，而中老年人在其他条件相同的情况下，为减少开支，选择步行，导致弹性值反映结果就是$|E|_{步行}$最大。

c. 受教育程度对出行方式的影响

通过分析各出行方式对应的受教育程度可得，各平均值基本都在 1 左右，即初中及以下

水平，对应的$|E|$也都 0.4 左右，说明受教育程度对农村人口出行方式选择概率的影响程度相近，但对私家车出行方式选择概率影响程度相对较大。出现上述结果，一方面，与私家车驾驶员文化水平一般是初中及以上水平有关；另一方面，拥有私家车的家庭一般经济条件较好，对子女教育重视程度也较高。故从弹性值反映的结果就是$|E|_{私家车}$较大。

② 家庭属性灵敏度

由农村人口出行调查数据中，可统计出各出行方式的家庭属性平均值 $\overline{X}$。模型参数标定年总收入水平的参数估计值 θ 为 0.230 717，将 θ、$\overline{X}$ 以及各出行方式选择概率 P 值分别代入弹性值计算公式，即可计算出不同家庭属性对农村人口出行方式选择概率的弹性值，如表 5.7 所示。

表 5.7　不同出行方式各家庭属性弹性值

出行方式	选择概率	参数值 θ	年总收入水平平均值 $\overline{X}$	弹性值 E
步行	0.131 326	0.230 717	2.344 498	0.469 879
电动车	0.198 146	0.230 717	2.218 750	0.410 472
自行车	0.201 441	0.230 717	2.568 548	0.473 232
农用车	0.072 983	0.230 717	2.345 455	0.501 643
客车	0.320 201	0.230 717	2.464 373	0.386 515
私家车	0.075 904	0.230 717	3.233 766	0.689 454

由表 5.7 可见，各出行方式对应家庭年总收入水平的$|E|$皆小于 1，说明家庭年总收入水平对出行方式缺乏弹性，即家庭年总收入水平的变化对于出行方式选择概率影响相对较小。

$|E|_{客车}$为所有弹性值中最小，且与其他弹性值差距明显，说明家庭年总收入水平的变化对客车出行方式的影响程度在所有出行方式中最小，这与客车作为农村人口出行的主要交通工具有很大关系，无论家庭年收入水平的高低，客车出行的主体地位显而易见。

$|E|_{私家车}$为 0.689 454，约是$|E|_{客车}$的两倍，为所有弹性值中最大，且与其他弹性值差距明显，说明家庭年总收入水平对选择私家车出行的影响程度在所有出行方式中最大，家庭年总收入水平的高低，直接决定农村人口是否能够以私家车出行。

其余四种出行方式对应的弹性值相差不大，但$|E|_{农用车}$略大，即家庭年总收入水平的变化，对农用车出行方式的影响程度比步行、电动车、自行车都大，能够反映现实中，以农用车出行的农村人口收入水平相对较高的事实。

③ 出行属性灵敏度

由农村人口出行调查数据中，可统计出各出行方式的出行属性平均值 $\overline{X}$。模型参数标定得到出行距离、出行目的及花费时间的参数估计值 θ，分别为－1.075 077、0.158 380 及－0.169 362，将 θ、$\overline{X}$ 以及各出行方式选择概率 P 值分别代入弹性值计算公式，即可计算出不同出行属性对农村人口出行方式选择概率的弹性值，如表 5.8 所示。

表 5.8　不同出行方式出行属性弹性值

出行方式	选择概率	参数值 θ	出行距离平均值 $\overline{X}$	弹性值 E	参数值 θ	出行目的平均值 $\overline{X}$	弹性值 E	参数值 θ	花费时间平均值 $\overline{X}$	弹性值 E
步行	0.131 326	−1.075 077	0.267 943	−0.250 229	0.158 380	3.588 517	0.493 710	−0.169 362	0.459 330	−0.067 577
电动车	0.198 146	−1.075 077	0.503 906	−0.434 395	0.158 380	3.167 969	0.402 325	−0.169 362	0.421 875	−0.057 292
自行车	0.201 441	−1.075 077	1.044 355	−0.896 592	0.158 380	3.552 419	0.449 295	−0.169 362	0.491 935	−0.066 532
农用车	0.072 983	−1.075 077	1.509 091	−1.503 98	0.158 380	2.690 909	0.395 082	−0.169 362	1.327 273	−0.208 384
客车	0.320 201	−1.075 077	2.157 248	−1.576 60	0.158 380	3.041 769	0.327 497	−0.169 362	1.506 143	−0.173 405
私家车	0.075 904	−1.075 077	1.844 156	−1.832 12	0.158 380	3.194 805	0.467 586	−0.169 362	0.922 078	−0.144 311

由表 5.8 可知，出行目的对于出行方式的 $|E|$ 变化不大，皆为 0.4 左右，且变化规律不明显，这是由于出行目的是人为赋值，本身不具有规律性，相互之间也无相关性，所以不同目的对于出行方式的影响不能具体量化，$|E|$ 仅能反映出行目的对出行方式缺乏弹性。

出行距离和花费时间对出行方式选择的影响中，花费时间的 $|E|$ 均小于出行距离的 $|E|$，说明对出行方式的选择概率受出行距离影响较大，即出行距离的变化比花费时间对交通方式选择影响大。

a. 出行距离对出行方式的影响

出行距离的 $|E|$ 呈递增趋势，说明出行距离对各出行方式的影响程度也由小到大呈递增趋势，即随着出行距离的增加，农村人口出行工具的选择概率增加幅度由大到小依次为私家车、客车、农用车、自行车、电动车和步行，但出行最终会选择哪种交通工具还与其他相关因素有关。

由表 5.8 可知，出行距离对步行、电动车、自行车三种出行方式的 $|E|$ 均小于 1，说明出行距离对这三种出行方式缺乏弹性，即出行距离的变化对于这三种出行方式选择概率的变化程度影响相对较小。另由于 $|E|_{自行车}$、$|E|_{电动车}$、$|E|_{步行}$ 的变化等级约为 2 倍，则出行距离的变化，对其出行方式选择概率的影响程度也是 2 倍左右。

出行距离对农用车、客车、私家车三种出行方式的 $|E|$ 均大于 1，表明出行距离对这三种出行方式富有弹性，即出行距离的变化对于该三种出行方式选择概率影响相对较大。但三种出行方式对应的 $|E|$ 相差较小，说明出行距离对三者选择概率的影响程度相近。也可以看出，农村人口的出行，在现阶段只为出得去，而舒适性和安全性尚未突出考虑。

b. 花费时间对出行方式的影响

花费时间对各出行方式的$|E|$中，步行、电动车、自行车三种出行方式相接近，农用车、客车、私家车三种方式相接近，且所有的$|E|$均小于 1，花费时间对出行方式缺乏弹性，即花费时间的变化对出行方式选择概率的变化程度影响相对较小。这与前述变量花费时间的 t 检验值为－1.596 704，其绝对值小于 1.96，即该变量对结果的影响效果不显著相互对应。同时与农村人口时间价值观念淡薄也有很大关系。

后三种出行方式的$|E|$约为前三种的三倍，表明花费时间对农用车、客车、私家车的影响程度为步行、电动车和自行车的三倍，即花费时间的变化导致后三种出行方式选择概率的变化程度是步行、电动车和自行车的三倍。如单独考虑花费时间对出行方式选择的影响，则随着花费时间的变化，选择农用车、客车和私家车的概率变化显著。

5.4　本章小结

从苏北居民出行需求角度出发，选择恰当的调查和抽样方法，对苏北农村居民出行行为进行抽样调查，重点是对苏北农村居民出行行为进行统计分析，对居民出行特征的一系列指标如出行强度、出行方式、出行的时间分布、出行的空间分布等进行详细研究。

利用马尔可夫分析预测方法，通过对苏北区域内不同出行方式或乘行方式分布比率的已有状态及其动向的分析，来确定未来一定时期的居民选择各种主要出行方式的稳定概率分布，为苏北居民出行服务水平综合评价及发展决策提供依据。

基于非集计离散选择模型的基本理论与建模方法，结合近年来苏北居民交通出行调查数据，对影响居民出行方式选择的因素进行归类分析，选择步行、骑电动车、骑自行车、驾驶农用车、乘客车、驾私家车等交通方式作为居民出行的方式，确定影响居民出行方式选择的特性变量及相应的取值方法，建立苏北居民交通出行方式选择的 MNL 模型，并利用调研数据对模型进行了验证。

第6章 苏北农村居民出行服务评价

6.1 交通运输供需结构平衡分析

6.1.1 运输结构分析

随着经济、社会的发展和科学技术的进步，交通运输结构也是发生变化的。运输结构，也称运输产业结构，是指运输部门内外部相互联系的各个方面和环节的有机比例和构成。研究运输结构并使之趋向合理，对有效利用和发挥各种运输方式的优势，使之协作配合，相互促进，全面发展；对高效率、高效益、高质量地满足国民经济对运输的需要，保持生产和运输的平衡，从而获得最大的经济效益和社会效益，都有很重要的意义。

运输结构大体上可分为宏观、中观和微观三个层次。宏观层次的运输结构是从国民经济整体考察运输能力与运输需求的适应程度，以及为了建立适应性运输应有的生产要素投入比例和运输业产出比例。中观层次的运输结构是从运输行业内部考察各种运输方式的构成，以及为了实现合理分工协作所需的比例关系，如各种运输方式的线网规模与地区分布，运输能力比例等等。另外还有微观层次的运输结构，这是从各种运输方式内部的各个环节考察其构成比例，如运输线路运载工具的比例，点(站、港、场)与线的能力协调，资金、劳力投入要素的比例，技术装备构成以及运输企业组织结构等等。

运输结构的各个层次不是互不关联的，而是互相渗透的。运输结构的宏观适应性要以中观层次的结构优化和微观层次的结构组织为基础。中观和微观层次的结构优化要服从宏观层次的结构要求，其共同的目的是用尽可能少的社会劳动占用和劳动消耗来充分满足社会的运输需求。例如，运输供给对运输需求的适应程度同各种运输方式之间的分工协作就有很大关系，各种运输方式的运量构成比例又取决于国民经济的运输需求。

6.1.2　运输需求结构与运量结构的关系

运输需求结构与运量结构是两个不同的概念。运输需求结构是经济发展过程中客观规律所决定或要求的一种运输结构，是社会经济生活在人与货物运输方式方面所提出的有供给能力的需要；而运量结构则是指一定的运输供给结构条件下能实现的人与货物各运输方式的运输量比例结构。社会经济活动中的人与货物的各种运输方式的运输是通过运量结构的形式反映出来的，运量结构的比例大小与运输需求结构的水平有十分密切的关系，但它们不是一回事，运量结构本身并不能完全代表社会对各种运输方式的需求程度。运输需求结构能否实现取决于运输供给结构的状况，在各种运输方式的运输能力完全满足对其需求的情况下，运量结构就可以基本上反映运输需求结构。但有时候，特别是某些国家或地区运输供给结构不合理的情况下，经济发展对某种运输方式的需求由其他运输方式来完成，一旦这种运输方式得到发展，如增加运输设施、扩大运输能力，那么，被替代的运输方式的需求将会迅速变成这种运输方式的实际运输量。图 6.1 是运输需求结构、运输供给结构与运量结构相互关系的示意图，由该图可以形象地看出，运输需求结构的真正实现，即运量结构形成是受运输供给结构制约的。

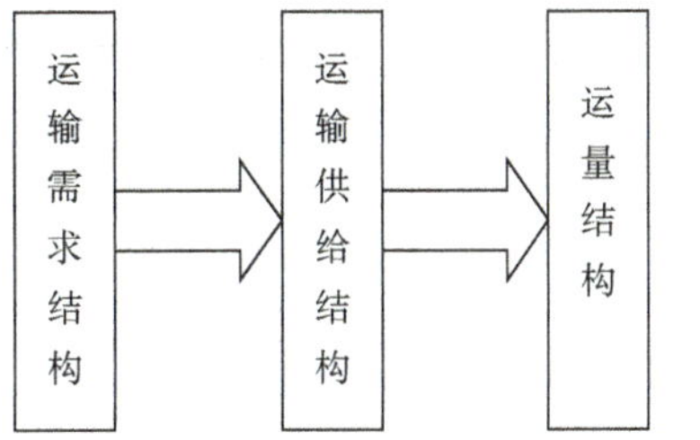

图 6.1　运输需求结构、运输供给结构与运量结构的关系

6.1.3　运输需求结构与运量结构的关系

运输供给结构是指在一定的时期内，在各种可能的运输价格水平上，运输生产者愿意而且能够提供的各种运输产品的数量比例结构。从图 6.1 可以看出，运输需求结构通过运输供给结构的投射后表现出运量结构，也就是说，运输供给结构决定着运量结构，因此，运量结构在一定程度上可以反映出运输供给结构，尤其是在各种运输方式的运输能力小于社会经济对其运输需求时，运量结构就可以基本上反映运输供给结构。

运量结构是通过运输供给结构来反映运输需求结构的量，是在现有运输供给结构的基础上满足的运输需求结构，是运输需求结构与运输供给结构的综合产物。运输供给结构是否合理，是否能真正满足运输需求结构，可以通过需求结构投射供给结构得到的运量结构很好地反映出运输需求结构及运输供给结构。运输供给结构与运输需求结构失衡，投射出的运量结构反映的就不是运输需求结构而是运输供给结构，因此，运量结构能够很好地反映出交通运输供给结构与交通运输需求结构之间的关系，可以作为判定交通运输供需结构均衡的量。

6.2 苏北农村居民出行服务评价体系设计

为了对苏北农村地区交通运营服务水平进行评价，选取一些对交通运营服务水平影响重大的指标，按照一定的规则和方法，对评价对象从某一方面或某些方面直至综合的状况做出优劣评定，分析农村交通运营发展水平和存在的问题。为了使评价结果能够客观、准确地反映农村交通运营服务水平发展状况，评价指标的选取应遵循以下原则：

(1) 科学性原则

指标的选择与指标权重的确定、数据的选取、计算与合成必须以公认的科学理论为依据。

(2) 客观性原则

保证评价指标体系的客观公正，保证数据来源的可靠性、准确性和评估方法的科学性。

(3) 实用性原则

评价指标并不是越复杂越好，苏北农村地区交通发展水平评价工作的意义在于分析现状，认清所处阶段和发展中存在的问题，更好地指导实际工作。因此，指标含义明确且易于理解，尽量选取日常统计指标或容易获得的指标，以便直观、简便说明问题。

(4) 层次性原则

应该从不同侧面反映交通发展的特征和状况。

(5) 非线性原则

农村交通运营系统是一个复杂的系统，评价指标选取应遵循非线性原则，实现指标体系结构的最优化。

6.2.1 苏北农村居民出行服务水平评价指标体系

(1) 指标体系的构建思路

交通出行是一个复杂的系统，影响因素众多，各因素之间往往又相互依存、相互作用。出行行为除直接受交通出行状况特性、出行主体特性、出行特性、出行选择特性共同影响外，同时也受交通政策等社会经济环境所制约。本课题指标体系的构建主要是在批判继承前人研究成果之上，综合考虑影响农村居民交通出行的特性因素，对相关指标进行相互叠加并归纳汇总，最后得出评价居民出行服务水平的指标体系主要由出行道路的舒适度、出行目的地的可达度、出行设施的完善度、出行方式的公平度 4 个方面组成，具体如图 6.2 所示。

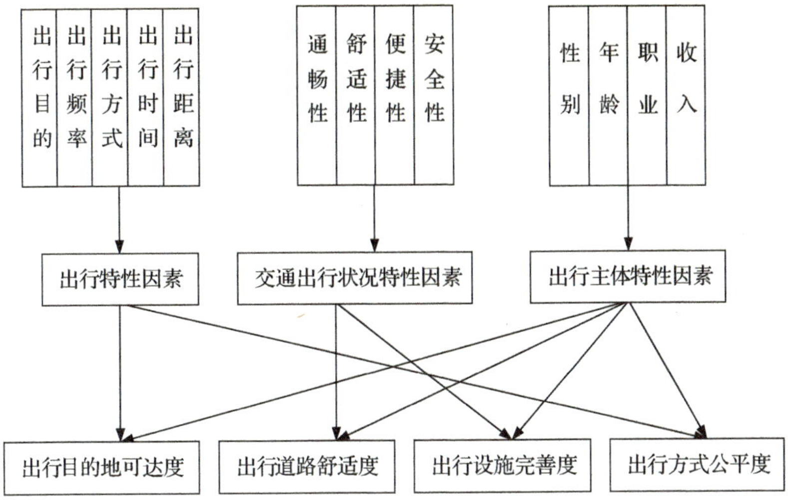

图 6.2　居民出行服务水平评价体系构架示意图

(2) 出行质量评价指标体系

在此基础上，本课题构建了一个多层次的递阶结构，按目标的不同、实现功能的差异，将系统分为目标层、准则层和指标层 3 个等级层次。这四类指标对出行质量的直接影响较大，属于技术性指标，最后一类则对出行质量的间接影响较为明显，属于社会性指标。每类涉及众多因子，将 4 大类要素向下分解为 14 个指标，如图 6.3 所示。出行道路的舒适度用来衡量农村道路的质量水平；出行目的地的可达度反映居民出行不同目的的平均出行时耗；出行设施的完善度指农村道路交通公用配套设施的完备情况；出行方式的公平度指农村居民出行量、选用交通方式的不同而统计的频率分布情况。

由于没有"农村道路交通规划设计规范"参考，本课题在参照国家标准《城市道路交通规划设计规范》(GB50220-95)、《道路交通标志和标线》(GB 5768-1999)、《道路交通信号灯》(GB14887-2003)及《宜居城市科学评价标准》(2007)等各项技术规范的基础上，借鉴国内外城乡交通建设经验，并综合我国农村交通的发展趋势对各指标制定了相应的标准(表 6.1)。

(3) 指标体系的指标标定

① 评价要素的满意程度评价

为了更科学地研究城市居民交通出行质量，依据各个指标的性质，体系评价方法主要有以下三个方面：抽样评价部分、定量评价部分、定性评价部分。

第一部分为抽样评价部分：

共 3 个指标，占总指标 21.4%，主要通过问卷调查的方法进行评价，对问卷统计结果进行统计并标准化，得到单个指标的分数 C_i：

$$C_i = Q \times (A/N \times 1 + B/N \times 0.5 + C/N \times 0)$$

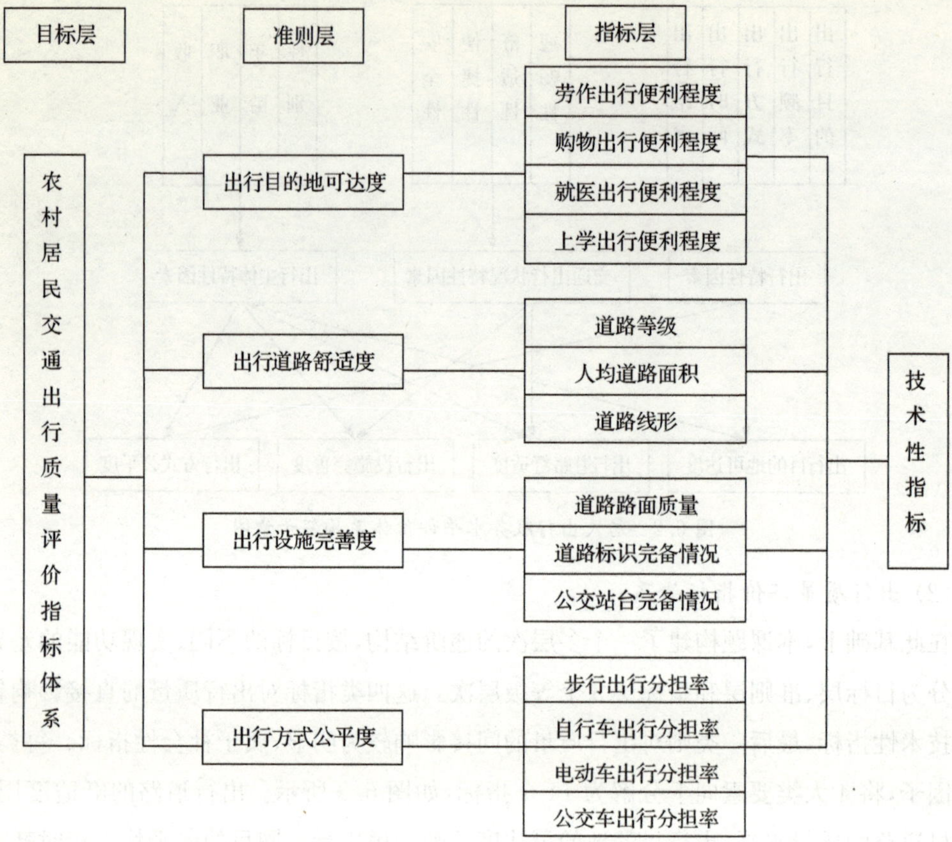

图 6.3　苏北农村居民出行服务质量指标体系

表 6.1　苏北农村居民出行服务水平指标标准

准则	指标	标准
出行道路舒适度	道路等级	二级公路及以上
	人均道路面积	城市人均拥有道路面积宜为 15 m^2 以上
	道路线形	线形流畅
出行目的可达度	劳作出行便利程度	劳作平均出行应为 20 分钟以内
	购物出行便利程度	购物平均出行应为 30 分钟以内
	就医出行便利程度	就医平均出行应为 30 分钟以内
	上学出行便利程度	上学平均出行应为 20 分钟以内
出行设施完善度	道路路面质量	道路路面完好，基本无破损现象，道路整洁
	道路标识系统统一规范，方便识别	道路标识完备
	候车亭顶棚无破损，站台无缺少	公交站台完备
出行方式公平度	步行出行分担率	步行出行分担率宜为 20%～30%
	自行车出行分担率	自行车出行分担率宜为 20%～25%
	电动车出行分担率	电动车出行分担率宜为 30%～35%
	公交车出行分担率	公交车出行分担率宜为 10%～20%

式中，Q 为指标的满分，A 为选择“较好”的问卷数量，B 为选择“一般”的问卷数量，C 为选择“较差”的问卷数量，N 为有效问卷数量，C_i 为该项指标的得分。

第二部分为定量评价部分：

共 7 个指标，占总指标 50.0%，主要通过统计数据与标准值之间的计算进行评价，得到单个指标的分数 C_i：

a. 指标数值越大越好时（$A \geqslant B$ 时该项指标得满分）：$C_i = Q \times A/B$

b. 指标数值越小越好时（$A \leqslant B$ 时该项指标得满分）：$C_i = Q \times (100\% - A)/(100\% - B)$

c. 当指标数值在某个范围内最好时（$B_1 \leqslant A \leqslant B_2$ 时该项指标得满分）

当 $A < B_1$ 时，$C_i = Q \times A/B_1$；当 $A > B_2$ 时，

$$C_i = Q \times (100\% - A)/(100\% - B_2)$$

式中，Q 为指标的满分，A 为该项指标数值，B 为该项指标标准值，B_1—B_2 为该项指标标准值范围，C_i 为该项指标的得分。

第三部分为定性评价部分：

共 4 个指标，占总指标 28.6%，主要通过对文件材料的收集整理进行评价打分，得到单个指标的分数 C_i。

② 评价要素的权重评价

本课题采用目前较为广泛使用的层次分析法，对变量分别成对比较，然后通过点数分配评分数量化得到权重。

本次对农村居民交通出行质量的权重分析涉及的变量有出行目的地可达度（w_1）、出行道路舒适度（w_2）、出行设施的完善度（w_3）、出行方式的公平度（w_4）。具体操作步骤如下：

a. 对 4 个变量分别进行成对比较，构造比较矩阵，如表 6.2，并形成指标体系权重评价矩阵，如表 6.3。

表 6.2　要素比较的重要性等级表

重要性的强度	定义	重要性的强度	定义
1	同等重要	6	特别重要
2	稍微重要	7	非常特别重要
3	比较重要	8	绝对重要
4	较重要	9	
5	重要		

表 6.3　指标体系权重评价步骤一

	w_1	w_2	w_3	w_4
出行目的地可达度（w_1）	1	2	3	4
出行道路舒适度（w_2）	1/2	1	2	3

续表

	w_1	w_2	w_3	w_4
出行设施的完善度(w_3)	1/3	1/2	1	2
出行方式的公平度(w_4)	1/4	1/3	1/2	1
	2.083	3.833	6.5	10

b. 对每一组变量分别进行纵向权重标准化,如表 6.4。

表 6.4 指标体系权重评价步骤二

	w_1	w_2	w_3	w_4
出行目的地可达度(w_1)	0.480	0.522	0.462	0.400
出行道路舒适度(w_2)	0.240	0.261	0.307	0.300
出行设施的完善度(w_3)	0.160	0.130	0.154	0.200
出行方式的公平度(w_4)	0.120	0.087	0.077	0.100
	1.000	1.000	1.000	1.000

c. 对每一组变量分别进行横向权重标准化,如表 6.5。

表 6.5 指标体系权重评价步骤三

	权重
出行目的地可达度(w_1)	(0.480+0.522+0.462+0.400)/4=0.466
出行道路舒适度(w_2)	(0.240+0.261+0.307+0.300)/4=0.277
出行设施的完善度(w_3)	(0.160+0.130+0.154+0.200)/4=0.161
出行方式的公平度(w_4)	(0.120+0.087+0.077+0.100)/4=0.096
	1.000

d. 为了便于计算,通过权衡,评定四要素的权重为:出行目的地可达度 0.45,出行道路舒适度 0.30,出行设施的完善度 0.16,出行方式的公平度 0.09。

e. 最后采用等权平均的方法得到 4 个要素下 14 个子指标的权重 w_i。

6.2.2 苏北农村居民交通出行网络综合评价

(1) 综合评价指标

农村交通运营综合评价系统是一个综合的体系,一个综合的系统会受到各方面因素的影响,包括政治、经济、文化和自然地理等各方面,这个综合体系在受到这些因素影响的同时,也会反过来影响这些因素。一个评价体系包括各方面很多指标,它能够根据评价对象和目的从各个角度对所评价的事物进行综合全面的反映。由于不同的评价项目所需的指标体系存在差异,因此在建立评价指标体系时,需要明确农村交通运营综合评价系统具体所要评价的内容。本课题的目的就在于建立一个综合的能全面反映农村交通运营综合评价的指标体系,为以后农村居民出行服务水平评价起到一定的指导,各个地方农村交通运营根据具体的情况对指标体系进行有针对性的筛选利用即可。农村居民出行服务水平的评价指标体系,一个具有一定层次综合有序的系统,在综合评价中占有极其重要的作用,是后评价即农村交通运营综合评价的基础依据。此外它还能够全面反映评价对象的各方面属性,能够将抽象的事物转换为具体的事情来进行评价。想要建立一套好的农村交通运营综合评价指标体系,需要对专业方面知识有深刻的认识,包括路网路况、客运车辆、社会经济学等,同时对系统理论也要有深刻的认识,还要有大量的实际评价经验。只有这样才能建立一个指标体系齐全和指标结构合理的评价指标体系。

农村居民交通出行网络的综合评价应从各方面来考虑,不同方案的优劣,采取哪种评价方案主要看能否满足一个地区农村客运规划发展水平、既定目标和对农村居民服务水平。以前,选择何种方案标准主要从农村居民的想法来看,而现在随着各方面的发展,考虑的重心也不断地发生变化,从原来农村居民的想法转向社会、经济和环境等方面。

① 技术评价指标

技术评价指标的主要目的是农村交通出行网络在技术方面进行细致的分析,得出一定的结果,从而总结出方案的科学合理性并为以后进一步优化发展提供技术指导。技术评价指标应从两个方面来看,具体一类是网络建设自身方面的,另一类是运输需求适应性方面的。前一类包括连通度、可达性、线网密度网络覆盖形态等,后一类包括饱和度等,两方面技术指标具体计算和解释如下:

a. 公路网连通度

公路网连通度反映农村客运网络中各节点间的连接程度,计算公式如下:

$$D=\frac{L/\zeta}{\sqrt{AN}}$$

式中,D——公路网络连通度;

L——通车总里程,km;

A——区域总面积,m^2;

N——区域内的节点数;

ζ——变形系数,通常取 1.1～1.3。

b. 公路网可达性

承接以上公式,整个公路网的可达性,可用所有节点的可达性的均值来表示:

$$T=\sum_{i=1}^{n}\frac{T_i}{n} \quad 或 \quad D=\sum_{i=1}^{n}\frac{D_i}{n}$$

c. 连续性

农村客运方式的连续性具有非常重要的意义，它包括客运方式和服务水平两个方面，各种客运方式的无缝连接能起到相当重要的作用，具体表现在运输的时间、费用和运输服务质量上。若不能有效连接，会起到相当不利的影响，运输服务水平的连续性主要在不同等级公路的连接上体现，尤其在高等级公路和低等级公路的连接上，在设计时应尽量减少这方面的连接，当无法避开时，应设置连接线，使得高低等级公路连接合理化，尽量减少事故的发生。连续性依据现场调查的数据通过人为描述来量化。

d. 公路网适应性

公路网适应性就是客运网规划方案所能达到的运输能力对国土、人口经济适应状况的指标。适应性可用公路网适应系数α和客运网适应度指标β来表示。其计算公式如下：

$$\alpha=\frac{L}{\sqrt{SP}} \quad 或 \quad \alpha=\frac{L}{\sqrt[3]{SPQ}}$$

$$\beta=\frac{C}{Q}$$

式中，α——公路网适应系数；

β——公路网适应度指标；

L——公路网总长度，km；

P——区域人口总数，万人；

S——区域总面积，km^2；

Q——运量；

C——运力。

其中公路网络适应系数和公路网络适应度从不同方面来体现适应性，前者反映客运线网和地区面积、人口社会经济资源与运输服务需求适应状况，后者体现农村客运的能力和农村客运的需求的适应水平。

e. 饱和度

饱和度顾名思义和路面客运量多少有关，它是客运能力和服务水平的综合体系，全面反映了道路上客流量的大小。饱和度即路网上的实际客运交通量与设计道路通行能力之比。具体计算公式如下：

$$V/C=\sum_{i=1}^{n}V_iL_i/\sum_{i=1}^{n}C_iL_i$$

式中，V_i——第 i 条道路的交通量；

C_i——第 i 条道路的容量；

L_i——第 i 条道路的长度，km；

V/C——饱和度；

n——道路的总数。

饱和度是相当有价值且重要的指标，一般运用 V/C，可以更加明了地得出结论。道路干线网饱和度的情况可以采用下面的评价集，主要依据交通部公路科学院研究的结论得出，评价集{超前、适应、基本适应、不适应、很不适应}，具体情况如下表 6.7 所示。

表 6.7 路网饱和度评价标准

V/C	≤0.7	0.7～0.85	0.85～1	1～1.5	>1.5
评价标准	超前	适应	基本适应	不适应	很不适应
基本情况	所有路段的 V/C 均小于 1，有较多路段的交通量远未达到其通行能力。	基本上所有路段的 V/C 均小于 1。	除少数路段外，大多数路段的 V/C 均小于 1。	有相当多的路段的 V/C 大于 1。	几乎所有的路段的 V/C 均大于 1。

f. 线路密度

线路密度 A_1：

$$A_1=\frac{线路总长度}{农村区域面积}\quad (\mathrm{km/km^2})$$

该指标反映农村居民与农村客运线路接近程度和农村客运在一个范围内发展的程度，是衡量农村居民乘车方便性的一个指标。可通过以上公式进行定量计算。

g. 网络覆盖形态

网络覆盖形态与很多因素有关，包括区域开发等，农村公路网络覆盖形态的好坏关系整个地区的农村出行均衡和谐发展，这些主要看整个网络形态能否和人口经济发展、人口经济分布发展情形和土地利用情况协调发展。这个指标既能从宏观上体现农村公路网络情况，又能从微观上详细体现路网的均衡程度，因此能全面地体现农村客运特征。网络覆盖形态的评价、量化时一般运用分维理论进行计算，这个模型有其独特的好处——能够直观体现，覆盖形态好坏和适不适应只要看维数的大小，维数越小，覆盖形态就越差，通过此模型可以看出可以运用分维数来描述覆盖程度。除此之外，还可以通过覆盖深度来表达，通过覆盖深度的大小，能直接看出交通情况的好坏。

② 经济评价指标

a. 国民经济评价指标

ⅰ. 直接经济效益指标计算

农村交通出行网络建设需要大量费用的投入，其中的费用包括多个方面：建设费、养护管理费用等。要想评价得合理需要坚持一些原则，如各种资源费用的合理运用配置等。农村客运建设体系合理化，会带来很多效益，反过来为国民经济做出贡献，能够带来的直接效益是可以通过资金的方式表现出来，具体主要从四个方面效益体现，一是客运成本降低的效益，二是节省客运时间的效益，三是使交通事故得到减少，再者就是各种情况会诱增很大客流量导致客运企业上缴利税增加的效益。换一个角度就是农村客运没有形成体系和形成体系后的不同，带来的效益差额。当农村客运建设体系合理化后，给农村居民带来方面的同时，也促进农村地区经济的发展，由于相互的作用，农村经济发展了，会产生更多的出行，交通量也得到一定的增加，这种诱增产生的交通量，会带来一定的经济效益，也就是带来的直接效益。当把农村客运建设体系统一合理化后，农村客运市场体系得到了规范化，运力资源能够统一配置，使客运成本降低，提高效益。

ⅱ. 间接经济效益指标计算

间接经济效益不是项目本身产生的效益，而是其对农村居民和社会做出贡献所产生的效益。农村交通出行网络，即可产生直接效益，也可产生间接效益。其效益可按下式计算：

$$H = \Delta B \times I_0 / \left(I_0 + \sum_{i=1}^{n} I_i\right)$$

式中，H——农村客运产生的间接效益，万元/年；

ΔB——新增产量净值，万元/年；

I_0——农村客运过程中的投资额，万元；

$I_1 \cdots I_n$——与农村客运密切相关的各生产部门的投资额，万元。

b. 财务评价指标

ⅰ. 财务净现值(FNPV)

根据全部投资(或自有资金)的现金流量表计算的全部投资(或自有资金)财务净现值，是指按基准收益率或设定的折现率，将农村客运系统化后各年发生的现金流量折现到农村客运建设初期的现值之和。财务净现值是项目资金的盈利能力超出最低期望盈利能力的超额净收益，用绝对数表明该项目收益与费用的大小关系，是对项目财务效益进行动态评价的最重要指标之一。其一般表达式为：

$$\text{FNPV} = \sum_{t=1}^{n} \frac{(CI - CO)_t}{(1 + i_c)^t}$$

式中，i_c——折现率，取部门或行业的基准收益率或根据资金的来源和构成确定的某数值；

n——计算期年数，一般取 10～20 年。

净现值的实质可以理解为一旦投资该项目，就能立即从该项目获得的净收益。折现的意义在于从现时立场来看，扣除掉由于资金的时间价值所带来的那一部分收益，剩余部分才是真正反映了投资该项目的收益。因此，净现值的大小，可以作为判别该项目经济上是否可行的依据。利用财务现金流量表可以计算出财务净现值 FNPV。

当 FNPV≥0 时，项目可行；

当 FNPV<0 时，项目不可行。

ⅱ. 财务内部收益率(FIRR)

财务内部收益率又称财务内部报酬率或预期收益率，是指农村客运建设在整个计算期内各年现金流量净现值累计等于零时的折现率，这个折现率表明了系统化方案确切的获利率，是项目投资决策的重要依据。其表达式为：

$$\sum_{t=1}^{n}\frac{(CI-CO)_t}{(1+\text{FIRR})^t}=0$$

在财务净现值的计算中可以看出，一个项目的净现值大小与计算时采用的折现率大小有关。折现率越大，被看做由于时间变化而产生的资金增值则越大，而被看做由项目本身所产生的资金增值则越小，即净现值越小；反之，折现率越小，净现值则越大。因此，我们可以定性地看出，对于确定的各年净现金流量而言，其财务净现值与财务内部收益率之间存在对应的关系，即若在折现率 i_c 下，计算出的 FNPV 大于零，则从财务内部收益率的定义出发，为使 FNPV 等于零，就必然存在 FIRR$>i_c$；反之，若在 i_c 下，有 FNPV 小于零，则必然存在 FIRR$<i_c$；若在 i_c 下，FNPV 等于零，则按照定义有 FIRR$=i_c$ 由于 FNPV 可作为判别一个项目经济上是否可行的标志，因此 FIRR 也能作为项目经济性的判别指标，两者的判别结果应是一致的。即：

若 FNPV$\geqslant 0$，则有 FIRR$\geqslant i_c$，项目可行；若 FNPV<0，则有 FIRR$<i_c$，项目不可行。

ⅲ. 财务效益费用比(FBCR)

财务效益费用比是用现金流入的现值和除以现金流出的现值和，用相对数表明项目收益与费用的大小关系，为农村交通出行网络财务效益评价提供重要依据。计算公式如下：

$$\frac{B}{C}=\frac{\sum_{i=1}^{n}CI_t(1+i_c)^{-t}}{\sum_{t=1}^{n}CO_t(1+i_c)^{-t}}$$

在财务评价中，如果 $B/C\geqslant 1$，则该项目在经济上是可以接受的。

c. 社会评价指标

ⅰ. 开发效益

开发效益主要是指对当地资源的开发产生的效益，由于农村交通出行网络的优化，使很多开发商能够看到开发的潜力，从而促进地区的发展，包含土地价值、自然条件增值和旅游开发等三个方面的指标。

ⅱ. 波及效益

波及效益主要是指对整个地区产生的效益。当农村交通出行网络得到优化后，必将使整个地区在各方面得到改善，体现在这个地区的区位优势和在同类地区竞争力上，同时它有三个指标，具体为区位优势、公路运输效益和综合运输效益。

ⅲ. 传递效益

传递效益具体是指当对农村交通出行网络优化后，对周边地区带来的发展，包括其他行业被带动而进一步的发展，另外还有带动一些潜在行业的兴起，使整个地区繁荣。同时它们具有三个指标，具体为消费增长、收入分配和农村居民就业效益。

ⅳ. 潜在效益

潜在效益具体包括两个指标，一是机构化效益，另一个为诱增效益。它的具体效益是一种不可量化的社会效益。

(2) 综合评价基本方法

① 综合评价步骤

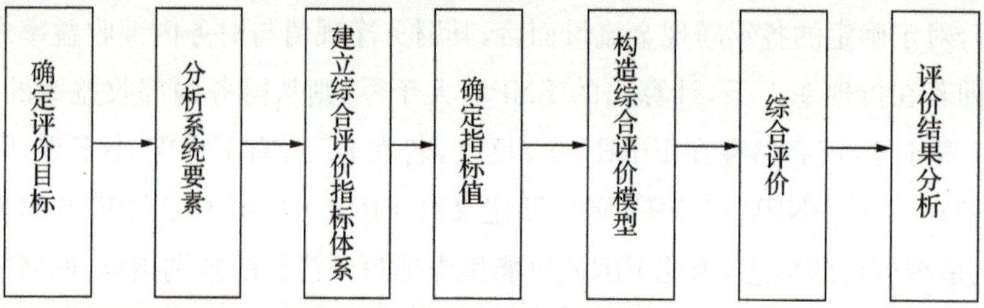

图 6.4　综合评价一般步骤

a. 确定评价目标。明确评价对象概念，对评价目标范围进行确定。

b. 分析系统要素。根据评价的目标，集中收集有关的资料和数据，对组成系统各个因素及系统的性能特征进行全面的分析，确定评价要素。

c. 建立综合评价指标体系。指标体系是目标内涵的体现及衡量测定的尺度。

d. 确定指标标值(或称指标数据标准化处理)。确定指标标值有两项内容，一是将指标定义数量化；二是将指标值标准化。

e. 构造综合评价模型。综合评价结果不是各指标标值的简单加总，而需要根据一定的数学方法进行处理，其数学方法称为评价模型。

f. 综合评价。利用模型和各种资料，对评价对象所能满足人们主观需要的程度和所消耗占用的资源情况进行评定，最后根据评价标准和主观判断，确定系统的综合评价值，得到综合评价结果。

g. 评价结果分析。对综合评价结果进行分析，为相关决策提供依据。

② 指标数据标准化

在后评价中，常需要指标无量纲化处理，本课题对农村客运评价也应如此，主要由于评价指标一般有不同的量纲和不同的单位，为了取消这种不可公度性，需要运用数学方法进行一定的处理——无量纲化处理，常见的指标类型有：

a. 极大型指标，即指标值越大越好的指标，又称正向指标；

b. 极小型指标，即指标值越小越好的指标，又称逆向指标；

c. 区间型指标，即指标值处在一定范围内为优的指标。

极大型指标：

$$y_{ij}=\frac{x_{ij}-\min x_j}{\max x_j-\min x_j}$$

极小型指标：

$$y_{ij}=\frac{\max x_j-x_{ij}}{\max x_j-\min x_j}$$

区间型指标：

$$y_{ij}=\begin{cases}1-\dfrac{a-x_{ij}}{\max(a-\min x_j,\max x_j-b)}, & \text{当 } x_{ij}<a \text{ 时}\\ 1, & \text{当 } a\leqslant x_{ij}\leqslant b \text{ 时}\\ 1-\dfrac{x_{ij}-b}{\max(a-\min x_j,\max x_j-b)}, & \text{当 } x_{ij}>b \text{ 时}\end{cases}$$

式中，x_{ij}——第 i 个地区第 j 个指标的值；

y_{ij}——标准化后的值。

③ 评价指标权重的确定

对于一个多因素评价目标，各指标对目标实现的影响程度是不同的，为了体现这一差别，需要引入“权重”的概念。所谓指标权重乃是表征因子相对重要性大小的表征量度值。因子相对重要性大小的估测——赋权和构造评价对象赖以为根据的对象因素集，是系统评价理论中两个重要而不可分割的部分。指标权重确定得合理与否，在很大程度上影响综合评价的正确性和科学性。过去的实践中评价问题的权重确定，一般多凭研究者的实践经验和主观臆测，富有浓厚的主观色彩。尽管在某些场合下，主观确定权重也在一定程度上反映了实际情况，使评价结果具有一定的参考价值，但由于它的准确性无法事先检验，有时难免出现严重扭曲客观实际，使评价结果严重失真而导致决策者做出错误判断。作为对主观臆测法的改进，人们也常用 Delphi 法确定权重，但该法权重分配的难度和工作量（反复次数）随指标数量的增多而急剧增大，难以获得满意的结果。近年来，层次分析法在赋权方面已得到广泛的应用。层次分析法由美国运筹学家萨蒂（T. L. saaty）于 1973 年创立，它是系统工程中对非定量事件做定量分析的一种简便数学方法，也是对人们的主观判断做客观描述的一种有效办法。尽管这种数学赋权方法也掺杂有一定的主观性，但因数学本身严密的逻辑性而可以对确定的权数进行“滤波”和“修复”处理，以尽量剔除主观成分，符合客观现实，而且这种多层次赋权法可避免对大量指标同时赋权过程中容易出现的混乱和失误，从而大大提高评价的准确性。因此，在此采用层次分析法确定各指标的权重。其主要步骤如下：

a. 确定目标和评价因素集，并建立递阶层次结构（这一步已在建立指标体系时完成），构造同一层次因素两两比较的判断矩阵。现假设以 A 表示目标，B_i 表示评价因素（$i=1,2,\cdots,n$），B_{ij} 表示 B_i 对 B_j 的相对重要性数值，其具体含义见表 6.8 所示。根据因素两两比较的结果，得到矩阵 $\boldsymbol{B}=(b_{ij})$，此矩阵是决策者思维过程的定量化，代表建模者对此决策问题的认识和主观判断，称之为判断矩阵，判断矩阵互为逆矩阵。

表 6.8　判断矩阵标度及其含义

标度	含义
1	表示因素 B_i 与 B_j 比较，具有同等重要性
3	表示因素 B_i 与 B_j 比较，B_i 与 B_j 稍微重要
5	表示因素 B_i 与 B_j 比较，B_i 与 B_j 明显重要
7	表示因素 B_i 与 B_j 比较，B_i 与 B_j 强烈重要
9	表示因素 B_i 与 B_j 比较，B_i 与 B_j 极端重要
2,4,6,8	2,4,6,8 分别表示相邻判断 1～3,3～5,5～7,7～9 的中值

$$\boldsymbol{B}=\begin{bmatrix} b_{11} & b_{12} & \cdots & b_{1n} \\ b_{21} & b_{22} & \cdots & b_{2n} \\ \cdots & \cdots & \cdots & \cdots \\ b_{n1} & b_{n2} & \cdots & b_{nn} \end{bmatrix}$$

式中，$b_{ij}>0, b_{ii}=1, b_{ij}=\dfrac{1}{b_{ji}}$。

b. 求判断矩阵 $\boldsymbol{B}$ 最大特征根 $\lambda_{\max}$ 对应的特征向量求特征向量的方法主要为方根法。具体如下：

计算判断矩阵 $\boldsymbol{B}$ 每行元素乘积的 n 次方根：

$$\overline{w}_i=\sqrt[n]{\prod_{j=1}^{n} B_{ij}} \quad (i=1,2,\cdots,n)$$

对特征向量 $\overline{\boldsymbol{W}}=(\overline{w}_1,\overline{w}_2,\cdots,\overline{w}_n)^{\mathrm{T}}$ 作归一化处理，即

$$w_i=\frac{\overline{w}_i}{\sum_{i=1}^{n}\overline{w}_i}$$

则向量 $\boldsymbol{W}=(w_1,w_2,\cdots,w_n)^{\mathrm{T}}$ 即为所求的对应最大特征值的特征向量，也就是权重向量。按下式求最大特征值。

$$\lambda_{\max}=\sum_{i=1}^{n}\frac{(\boldsymbol{CW})_i}{nw_i}$$

c. 一致性检验

以上得到的特征向量即为所求权数，判断权数设置的合理性，需要对判断矩阵进行一致性检验，检验采用公式：

$$CR=CI/RI$$

式中，$CI=\frac{\lambda_{\max}-n}{n-1}$，当判断矩阵具有完全一致性时，$CI=0$，$\lambda_{\max}-n$ 愈大，CI 愈大，矩阵的一致性愈差。对于平均随机一致性指标 RI，对应的指标如表 6.9 所示。

表 6.9 *RI* 值

n	1	2	3	4	5	6	7	8	9
RI	0	0	0.58	0.90	1.12	1.24	1.32	1.41	1.45

④ 模糊综合评价法

模糊综合评价法又叫模糊决策法，是目前应用比较广泛的一种综合评判方法，它是应用模糊关系合成的原理，从多个因素对被判断事物的隶属等级状况进行综合判断的一种方法。模糊综合评判决策是对多种因素影响的事物做出全面评价的一种十分有效的多因素决策方法，对于项目综合评价中大量指标难以定量化的情况，该方法特别适用。该方法的基本思想是先把每一个因素按其程度分为若干个等级，每一因素及其各个等级都是论域上的模糊子集，然后通过对一个因素的各个等级的综合评判来实现一个因素的单因素评判，从而处理了因素的模糊性，最后按所有因素进行综合评判，得出所需的评判结果。由于农村客运建设体系发展是一个动态过程，评价指标涉及社会、经济和资源等许多方面，因此对指标的衡量以及指标所表达的含义对农村客运发展的影响都具有一定的不确定性和模糊性，因此，选用多层次模糊综合评判法作为农村客运建设体系评价方法，有利于得出比较客观的结论。由于农村客运建设体系指标体系涉及指标较多，分为不同的层次。因此，需建立多层次模糊综合评判模型，多层次模糊综合评判基本操作步骤如下：

a. 确定评价指标集

指标集是由影响评价对象的各个指标所组合的集合。设指标集为：

$$U=\{U_1,U_2,\cdots,U_t,\cdots,U_m\},\ U_i=\{u_{i1},u_{i2},\cdots,u_{ij},u_{ip}\}$$

式中，U_i 为第 i 个子集，u_{ij} 表示第 i 个子集第 j 个影响因素。

b. 确定评判集

评判集指对评价对象可能做出的评价结果所组成的集合，因而无论因素层次有多少，评判集都有且仅有一个，设评判集为

$$V=\{V_1,V_2,\cdots,V_g\}。$$

c. 确定各层指标权向量

根据每层中各个因素的重要程度，分别对每一因素给出相应的权数。设各层的因素权重集为

$$A=\{\boldsymbol{A}_1,\boldsymbol{A}_2,\cdots,\boldsymbol{A}_m\},\ \boldsymbol{A}_i=\{a_{i1},a_{i2},\cdots,a_{ip}\}$$

式中，$\boldsymbol{A}_i$ 为第 i 个子集的权重分配矩阵。

d. 确定隶属度

在具体案例分析中，关于各个指标对评语子集各因素的隶属度，是通过建立隶属函数来确定的，根据指标性质的不同，隶属函数相应采取不同的确定方法，定性指标隶属函数，通过专家调查法确定，定量指标通过建立隶属函数来确定。

e. 确定模糊综合评价矩阵

f. 模糊矩阵的计算

g. 评价结果的处理

在运用模糊综合评价法进行评价时，一般来说可以直接把矩阵 $\boldsymbol{B}$ 当做最后的评价结果，为了后续对结果进行更深入的分析，常用最大隶属度法、加权平均数等方法对矩阵 $\boldsymbol{B}$ 进行一定的处理。

最大隶属度法在评价时比较片面，一般只能涉及最大值的评价指标，对于其他指标带来的信息一般被忽视，最要过程为把评价结果 $\boldsymbol{B}$ 矩阵集合中的最大值相应元素作为评价对象，得到相应的结果。加权平均法主要过程是事先确定一定的评价标准，然后对评价等级赋予一定的权值，对结果矩阵的值和值的权重，进行数学计算，得出的值和事先确定的值比较，来实现定级。该方法能够对各指标的贡献得出全面的结论，在一定程度上，能够得到很好的评价效果。

6.3 苏北农村居民出行服务总体评价分析

6.3.1 苏北农村居民出行服务水平评价分析

(1) 居民主观评价

本课题研究的出行质量是从居民的角度出发，因此居民主观判断的结果对于本次研究具有很重要的参考价值。为此，为评价居民对农村交通出行状况的总体满意程度，本次研究选取淮安市涟水县为样本区域，并专门进行了问卷调查。调查结果显示，80%以上的居民对交通出行质量表示满意或较满意；而只有12.15%的居民表示不满意。通过居民主观评价结果，并结合现场调研情况，权衡之下，涟水县居民的交通出行质量划分为较好。

(2) 指标客观评价

本指标体系采用十分制，总分10分，其中，出行质量即累计得分≥8分，为很好；6分≤出行质量<8分，为较好；4分≤出行质量<6分，为一般；2分≤出行质量<4分，为较差；出行质量<2分，为很差。依据标准，本课题通过抽样评价、定量评价及定性评价的方法对涟水县居民出行质量逐一进行客观评价，各项得分见表6.10。涟水县居民交通出行质量指数为6.17，位于6～8分之间，符合指标体系中“较好”标准。

表6.10 指标体系各项评分表

准则	指 标	满 分	得 分
出行目的地可达度	劳作出行便利程度	1.2	1
	购物出行便利程度	1.1	0.8
	就医出行便利程度	1.1	0.8
	上学出行便利程度	1.1	0.5
小计		4.5	3.1
出行道路舒适度	道路等级	1	0.6
	人均道路面积	1	0.5
	道路线形	1	0.7
小计		3	1.8
出行设施的完善度	道路路面质量	0.6	0.4
	道路标识完备情况	0.5	0.2
	公交站台完备情况	0.5	0.3
小计		1.6	0.9
出行方式公平度	步行出行分担率	0.225	0.05
	自行车出行分担率	0.225	0.1
	电动车出行分担率	0.225	0.2
	公交车出行分担率	0.225	0.2
小计		0.9	0.55
总计		10	6.17

6.3.2 苏北农村居民交通出行网络综合评价分析

(1) 农村公路等级偏低

通过调查发现苏北农村公路中路约50%是四级公路，而一级、二级、三级公路总计还不足50%。其次，在连接村与村之间的道路技术等级偏低，路面宽度不足3 m，如果要设计通村班车线路时，给班车会车带来困难。此外农村公路的修建资金多来源于县乡村，在一定程度上资金不到位造成农村公路维护不善。

从苏北整体层面来看，农村经济的快速发展和全面建设农村小康经济的发展目标对农村交通基础设施的数量、质量提出了更高的要求。目前，一些农村公路技术等级偏低、建设质量标准不高，道路交通网络化程度不高，给当地农村居民出行带来困难。部分地区农村公路路况较差，路面狭窄，车辆无法驶入。加上养护项目分散，涉及面广，缺少必要的养护资金保障，基层和一线的养护设备还不完善，技术力量、管理力量都比较薄弱，养护技术水平低，养护质量不高，降低了道路的使用寿命，留下了安全隐患，严重影响农村公路的通行安全。

(2) 农村客运场站设施不完善

从苏北农村整体层面来看，客运站点总量不足、公路通达深度不够以及地区之间发展不均衡的问题仍很突出。道路客站场建设滞后，功能不适应发展需要，全市所有乡镇的汽车客运站等级都比较低，站场功能单一，设施简陋，利用效率不高，难以充分发挥作用。

此外，苏北农村地区公路配套设施配置不足，且设施损坏严重，站台、站牌数量相对于公路里程来说过少。此外，站牌的修饰作用大过其实际作用，牌面字迹模糊，漆面脱落，甚至连车辆营运线路改变而站牌却仍未作修改。有的站台损坏严重，站台座椅、顶棚损坏严重，根本无法使用，这些问题都亟待政府采取措施解决。

(3) 农村公交运力配置不足

从苏北农村整体来看，由于农村地区小汽车拥有率低，因此公交农村长距离出行具有优势，且出行的舒适性与安全性较摩托车、农用车更高。但从目前来看，苏北农村公交的实际供给还远远无法满足农村居民的长距离出行需求，公交线路和班次均稀少。未来需要根据各线运营状况，科学测算，合理调配运力。

此外，农村客运车辆性能差、结构不合理，高档客车数量少，客运车辆大多技术性能较为落后，经济性、舒适性较差。

(4) 农村客运班车通达性不够

城乡公交作为城市公交网络的延伸和拓展，服务于市区周边乡镇的农村居民，是农村客运中的重要环节。从苏北农村整体来看，许多城乡公交的线路仅是单一地作为城市交通的延展，其运营线路还未能构成一个网络，还不能达到公交换乘零距离。县乡公交与城市公交线路在相互衔接和延伸过程中存在复线或衔接不当情况，导致出现换乘不便，影响了城乡间有效沟通与联系。

此外，城市公共交通、城际客运和农村客运发展不平衡，网络不协调、政策不配套等问题仍然很突出，制约了苏北城乡客运公共服务能力和保障水平，影响了行业可持续发展能力。此外，部分行政村离中心镇较远，客流量较少，也影响了公交班线的开行。

(5) 农村居民出行安全保障较弱

农村客运班线车辆配置方面，苏南、苏北和苏中也存在差异。苏南地区部分市如南京、镇江，农村客运车辆已基本获得更新，而苏北地区各市依然有部分农公班车以中小型客车为主，未获得更新。

近年来，随着苏北农村经济的日益增长，农村人口消费观念的改变，以及大部分群众安全意识淡薄，出行只求方便，部分机动车车主为了从中牟取利益，利用逢场天和学校放假、上学时段进行非法营运。目前，在苏北农村客运市场中，摩托车、农用三轮车、拖拉机等非客运车辆占有一定的比例，农村居民乘坐摩托车、出租三轮车、短途公共汽车频次非常高。在这些非法营运车辆中，有一定比例非法营运车辆，这些车辆达不到从事客运经营的相关要求和技术标准，给农村交通安全带来极大隐患。

(6) 农村客运经营模式相对落后

由于城乡客运实行公交客运体制二元化，各自为政，各自局部运作，致使客运市场分散、客运企业弱小、客运能力不强、服务水平不高、综合效益偏差等，造成农村客运市场“散、小、弱、差”，在经营机制上采用承包或挂靠的经营方式，已不能适应当前消费者在服务质量上的需求。

目前，农村客运市场准入条件相对较低，从事农村客运的车辆多为个体经营，家族经营现象较为普遍，经营者素质参差不齐，服务意识较差；经营主体多、经营规模小、运输组织松散、竞争和抗风险能力较弱；运营中多存在争客、抢客、甩客、宰客等违法行为。

6.4　本章小结

在充分研究苏北农村交通运输供需结构平衡的基础上，依据苏北农村居民出行规律，结合苏北农村发展具体情况，分析影响苏北居民出行服务水平的关键指标，遵循科学性、合理性、客观性、完备性的原则，结合苏北农村地区交通网络发展实际情形，建立苏北居民出行服务水平的综合评价指标体系。

结合苏北农村地区交通网络发展实际情形，综合运用 AHP 法和模糊综合评价法，构建苏北农村居民交通出行网络评价的递阶层次结构，建立综合评价数学模型；进而，基于评价步骤，将评价合理量化，分别得出苏北居民出行服务水平及交通出行网络综合评价结果，为苏北农村居民出行服务体系建设提供了依据。

第7章 苏北农村居民出行服务体系的优化

对于社会经济建设水平相对落后的农村地区，伴随着我国城镇化进程的加快，尤其是中央推出社会主义新农村建设的发展战略，国家加大了对农村地区交通基础设施建设的投入，重点扶持农村公路的建设，为广大农村居民的出行提供了保障。农村客运作为农村居民最主要的出行方式，承担着城乡间的主要客流运输任务，在整个公路客运体系中占有较大比重，因而构建经济安全、便捷高效的农村客运体系是积极响应国家统筹城乡发展，构建集约型社会的关键所在。

7.1 苏北农村居民出行服务体系的属性分析

农村公路、农村客运站和农村客运班线共同构成了农村居民出行服务系统，它们相互依存、彼此关联。良好的农村居民出行服务体系应实现农村公路、农村客运站、农村客运班线的一体化发展，达到城市客运系统、城际快速客运系统的无缝衔接，能够有力地支撑新农村的建设。

7.1.1 农村公路和农村客运站的属性分析

农村公路和农村客运站都是服务农村居民出行的客运基础设施，具有较强的公共属性。两者与其他一般性竞争行业相比，其属性具有以下特点：

(1) 公共物品性

农村客运站和农村公路所体现的非排他性和非竞争性较强，具有普遍的公共服务性能和公共产品属性。在当代公共产品(相对于私人产品而言)的定义中，纯公共产品包含两大特征：非排他性和非竞争性。所谓的非排他性是指一个人无法维持对一件物品使用的控制，不能阻止不付费者对公共产品的消费;非竞争性是指一个人对公共产品的消费不会影响其他人对此产品的消费。由于公共产品的非竞争性和非排他性,使得公共物品还具有不可分性特征,即公共产品的产权难以界定,或者界定产权的交易成本很高。

按照世界银行的观点,农村公路是属于非排他性、非竞争性以及外部性都很高的纯公共产品,并且市场化指数为1,属于不适宜在市场上出售的产品,从公平角度考虑的公共服务责任比较高。

(2) 服务社会发展目标

不同于企业以营利为目标,农村客运站和农村公路的建设和运营是以服务农村广大居民出行为主要目标的,涉及整个社会的利益。目前,农村居民支付能力较低,难以依靠自身的力量建立系统的出行设施,限制了农村居民出行系统设施服务能力和水平的提高。因此,政府需要对农村公路的养护和农村客运站建设运营进行一定的干预,强化两者的服务能力。

农村公路和农村客运站的功能属性决定了公共部门在其产品服务供给中的重要作用,建设运营需要以政府及交通主管部门补助或投资为主,使得农村公路和客运站未来的维护得到保障。

7.1.2 农村客运班线的属性分析

对应农村客运班线的属性问题,目前争议较大。从实际操作看,农村客运班线主要采取商业化运营的操作模式,镇村以及村村通线路大多为承包经营,少部分为公车公营。总体来说,农村客运班线具有以下属性特征:

(1) 服务的正外部性

农村客运班线主要是为广大农村地位居民提供出行服务的公共运输方式,与私人出行方式相比,城乡客运具有节约能源、节约土地、单位运输量环境影响小的优势;此外,农村客运班线的发展还能产生大量直接和间接社会经济效益,如促进人口流动和城镇化发展,加快城乡一体化进程,有利于提高农村人口文化素质和健康水平等,其社会收益远远大于私人收益,具有明显的社会外溢性。

(2) 公益性特征明显

普遍服务是政府履行公共服务职能的体系,在交通运输领域,为农村居民提供基本的出行条件和出行服务是政府应积极履行的衣物。目前,苏北大多数农村地位的现实情况是路况差、客流小、运价低、经营成本高,农村客运班线的经济效益普遍较差,经营者积极性不高,需要政府的积极介入。

农村客运班线作为为广大农民提供基本出行保障的服务产品,属于市场“缺位”而需要政府“在位”的特定领域。在现阶段条件下,由于管理体制上的障碍以及农村客运班线的特殊属性，造成了农村客运班线的经济效益差，而这一困境很难通过市场化的方式和农村客运班线自身的发展加以消除，必须借助政府强有力的干预，才能让农村居民和城市居民一样享受公共出行的“普遍服务”。

只有通过农村客运班线的发展，才能大幅度地缩短农村居民出行的“时、空”距离，有力整合农村各种社会资源，方便农村文化交流、扩大农村规模化教育、增强农村医疗整体服务能力、提高农村居民生活质量，从而加快社会主义新农村建设。

7.2 苏北农村居民出行设施网络优化

7.2.1 农村客运线网规划

农村客运线网规划主要是指通过农村客运线网的合理规划实现城区公交和城乡客运班车的接驳与衔接，农村客运线网规划就是依据农村的线网条件、客运需求量、土地使用性质并结合未来的人口、经济、用地等发展预测，对城区到乡镇、乡镇之间、各乡镇到自然村之间的客运线路进行总体规划，以满足农村居民的出行需求。

农村客运线网规划和城际间客运线网规划、城市公交线网规划等具有相类似的原理，即由客运车辆运行的起终点、途经点的固定路径，因此可以对农村客运线网规划按照定点、连线、成网的客运线网规划思路进行布设，但是由于我国农村客运的特殊性，如道路客流的时间不稳定性、道路经济条件与城市道路经济的差异性，在农村客运线网规划的时候其布设思路应有所不同。

(1) 线路等级划分

在进行农村客运线网规划时，根据各级线路的功能不同，可以将线路划分为主干线、支线两个等级。

两层线路的功能如下：主干线承担大型集散点之间的联系，主要指连接城区与乡镇之间的线路。这类线路大多沿着区域内的国省干道或县道，通达性好、行车速度快、发车频率高、服务水平也较好。支线主要对干线起到补充作用，是连接乡镇与行政村或行政村之间的线路，与主干线有较好的换乘，起到接驳主干线路客流的作用，并深入至行政村。

目前在我国农村客运线网布设方法中，实际操作性较强的方法有“逐条布设，优化成网”方法、节点重要度法、最短树法以及哈密顿回路法等。

① “逐条布设，优化成网”方法

这一方法是由东南大学王炜教授提出的，在公交规划布局中应用良好。该方法的布设原则是:以直达乘客量最大为主要目标(换乘次数最少、运送量最大),通过分析备选线路的起、终站位置及客流分布,确定线路的最佳配对及各线路的最佳走向,实现其他目标,并满足约束条件。该方法的线路布设流程如图 7.1。

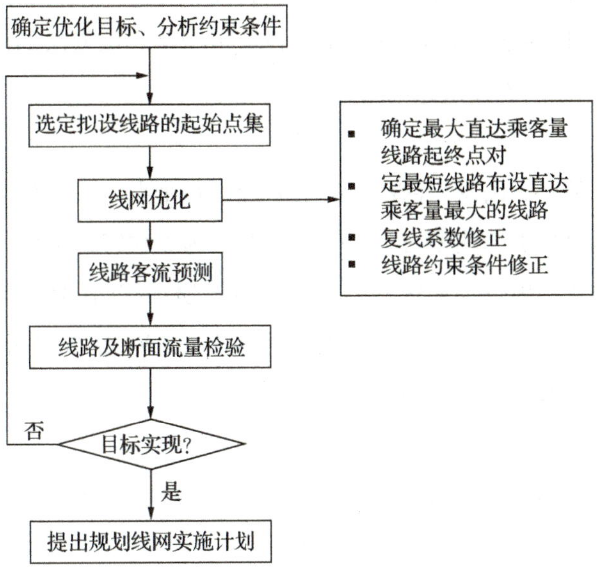

图 7.1 “逐条布设,优化成网”法流程图

② 节点重要度法

节点重要度法是将各乡镇及行政村看做节点,并运用与交通密切相关的多个指标来综合评价节点的重要程度,从而确定不同层次路线的主要控制点,在路线的选择与优化上,建立路线重要度的概念,并以路线单位里程重要度最大作为优化目标,确定路线的基本走向,得出路网重要度最大树,最后通过定性与定量相结合,进行加边连线得出规划地区的道路网络图,结合专家经验修改调整得出合理布局。节点重要度法涉及较多的主观因素,随着节点增多主观评估因素准确性将会降低。

节点重要度法的计算步骤如下:

a. 节点选择。节点指一个区域交通需求的代表点,相应区域的经济、人口、交通都集中在节点上,故节点也是路网规划中需要连接的点。这就需要对规划区域进行调查,包括经济、人口、资源和交通情况,以确定哪些地点作为路网规划的节点。

b. 节点分类及节点重要度分析。节点分类一般把节点分为重要节点、较重要节点和一般节点。节点重要度计算一般选择总人口、经济总收入、国内生产总值或消费品零售总额中若干项作为节点重要度的相关指标。节点聚类分析采用系统聚类标准化欧氏距离法。

c. 划分城乡客运线网层次。

d. 计算路段和路线重要度。路段和路线重要度的计算一般采用加权平均之和。

e. 求解路线重要度最优树。

③ 最短树法

通过把行政村和乡镇的地理坐标用直线连接起来，使总路径最短，构成最短树。这种方法一般不考虑人口、经济等因素。具体步骤如下：首先用避圈法或破圈法确定所有节点的最短树连接；然后以最短树为基本框架，在其上布设营运线路。该方法的前提是连接所有结点的总路径最短，忽视结点间连接线路的直达性。

④ 哈密顿回路

该方法即要求从某一点出发，寻找一条线路，经过每个点一次且仅一次最后返回原地的路线。这种方法不但提高了通达率，扩大了覆盖面，还为农村客运提供了很好的条件。

我国大部分农村居民出行仍保留着以往的出行习惯，因此在对农村客运线网规划的时候要考虑到居民出行的主观因素影响。在农村客运客流 *OD* 分布预测以后，应参照数据结合当地居民出行习惯对农村客运线网进行调整。

(2) 客运线网规划方法确定

本课题按照保留线路、调整线路、增加线路的思路对农村客运线网进行调整，其步骤如下：

① 以现状农村客流调查的量化分析结果为依据，结合农村客运线路的区域分布特点，并结合其他客运管理部门、运营企业以及乘客的意见，对现状线网合理性进行分析，保留其中合理的线路。

② 从保留的合理线路出发，结合区域城乡布局形态、农村客流的流量流向分布特点，选择一批线路优良，走向合理，能保证农村客运方便、快捷的线路进行调整，构成农村客运线网的主骨架。

③ 在农村客运线网主骨架确定的基础上，选取基本线网的线路，初步制定出客运规划线网，对初步制定的客运线网进行定量的指标评价。如尚未达标，则进一步在剩余线路中进行合理性评价，确定其调整方案并作为基本线路增加到基本线网中，直至形成符合定量指标要求的城乡客运基本线网。

④ 对未入选基本规划线网的线路，着重从保证农村居民都能使用客运班车出行，填补其出行空白区进行调整，以此调整作为补充线网。

⑤ 根据需求预测结果，对乡镇到乡镇、城市到乡镇等线路客运需求较大的客运班线空白区新增线路作为初充线网，最终形成农村客运线网。参考上面的农村客运线网规划步骤，根据农村客运线网空间层次的划分，分别对客运线网的各个层次进行布设，通过对原有客运线网的调查，对原有线路进行保留合理线路、调整线路、新增线路，并按照“定点、连线、成网”的思路对农村客运线网布设。

7.2.2　农村客运网络站点规划

农村客运场站是农村道路运输工作中的一个重要环节，在旅客运输市场中起着集散乘客、停放车辆、运行调度的效用，能够有效结合乘客、运输经营者和运输管理部的利益，吸引与辐射周边地区经济活动，促进农村道路运输健康而有序的发展；农村客运场站作为农村地区综合交通运输系统的重要组成部分，优化农村客运场站的布局，有利于建设衔接顺畅、高效便捷的公路运输体系，提高整个运输系统的效率与组织化程度。

（1）农村客运场站层次与功能

① 层次体系：农村客运场站的层次体系主要体现在功能层次与技术层次两个方面。从功能层次上划分，主要划分为中心镇客运场站与一般镇客运场站，将有条件、对农村客运场站需求相对较为迫切的乡镇纳入中心镇客运站，在建设时序、建设标准方面可视各中心镇经济发展与交通条件进一步改善的需要优先考虑。在技术层次方面，各功能层次内场站结合各乡镇需求状况分别设置相应级别的场站，其中，中心镇客运站以三级、四级为主，一般客运站以四级、五级、简易站为主。

调查表明，部分建成的乡镇客运站，存在有的运行状况良好，有的却难以发挥作用的现象，而后者主要是由于客运站建设的位置不恰当所致。农村乡镇客运场站必须根据自身的实际情况，因地制宜地建设。在社会经济实力雄厚地区的中心乡镇，一些位于交通枢纽、旅游节点的乡镇，应该建规模较大、级别较高的客运站；而一些没有集散功能的小乡镇，或者不是处在交通节点的乡镇，以及一些互相距离很近且共处于一条快速交通干线上的乡镇，可在近期通过设置候车棚，远期通过结合需求状况变化逐步提升级别；其他地区通过简易站的方式，满足所有乡镇居民出行的站场条件。

② 功能与站级匹配：农村客运场站点是农村客运系统的重要组成部分，是为农村客运提供停车、购票、候车、信息服务等功能的基础设施。由于各乡镇所处的位置不同，在农村客运系统中所承担的功能也就有所不同，建设要求也就不同。本课题将农村客运场站分为以下四类：

a. 中心镇枢纽站

位于经济发展水平相对较高，人口规模相对较大或经济发展水平与人口规模均达到一定水平、交通区位优势明显或规划期内交通条件优越的乡镇，同时具有中长途班线和短途班线，是长短途的结合点和换乘点，班线多，客流大，具有售票、候车、停车、车辆检修等功能，该类型站应按三级、四级标准规划。

b. 普通站

普通客运站位于县域内除去中心镇客运站所在乡镇以外的各乡镇，具有到县城、周边乡镇和行政村的始发班线，班线较多，客流较大，具有售票、候车、停车等功能。普通站以四级、五级站场为主，部分乡镇设置为简易站。

c. 停靠站

一般位于农村客运班线经过行政村或规模比较大的自然村，具有明显等候标志以及候车设施的停靠点。根据设施的情况又可以分为港湾站和一般停靠站，候车设施一般采用候车亭。

d. 招呼站

一般位于农村客运班线经过的自然村，只有候车标志而无候车设施的旅客上下点。

(2) 农村客运场站布局

农村客运场站规划要满足以下几个原则：

① 与乡镇居民点布局相适应。农村经济的发展将直接影响农村居民的出行需求，农村居民的出行需求是农村客运场站规划最主要的因素。农村客运场站的规划应充分考虑各区县、乡镇和行政村的经济发展趋势，规划布局与乡镇居民点布局相适应的等级客运站，结合农村居民低碳出行的特点，合理选取客运场站的位置，以满足现状与未来农村居民出行的需求。

② 与城镇体系、镇村规划相协调。随着城镇化进程的加快，城镇空间进一步拓展，农村客运场站的规划要与城镇、镇村规划相协调，符合当地的发展规划要求。不仅要考虑客运场站的规划要与城镇发展相一致，还要考虑农村客运场站的建设对城镇发展的聚集影响作用。

③ 与农村公路网及客运线网布局相协调。农村客运场站是乡镇对外交通换乘的枢纽，其规划应充分结合公路网及客运线网的布局及运输网络的发展趋势，注重与城市公交、枢纽客运站、火车站等运输方式之间的结合，进而实现无缝衔接和零距离换乘，方便农村居民的市内及长途出行。

④ 坚持适度超前、可持续发展的原则。农村客运场站的布局不仅要满足区域社会经济与交通运输发展的要求，还应当坚持适度超前的原则，使场站规模适度，并留有以后改建或扩建的发展余地；另外，客运场站的布局要响应国家可持续发展战略的要求，充分考虑土地资源的有限性，避免土地资源的浪费，注重生态环境的保护与可持续发展战略。

(3) 农村客运场站规模测算

农村客运场站规模的确定应依据该地区客流发生量的预测值以及各乡镇节点重要度的分析，确定符合规划年营运车辆停靠需求的客运场站的规模。一般农村客流集散中心建设四级或五级客运站，有条件地区的农村客流集散中心、少数重要交通枢纽乡镇或者具有客流量较大的旅游景点的乡镇可按三级或二级客运站规模标准进行规划。

交通区位论认为:区域内少数(1/3)节点城市所生成的交通量占对应区域全部生成交通量的大多数(2/3)。因此,在农村客运场站规模的测算中,以县域内所有乡镇作为交通运输节点,分析各节点重要度作为各乡镇客运集散能力的量化指标,由此计算各乡镇客运场站的建设规模。

各乡镇节点重要度的计算方法,即选取人口、国民收入、第三产业值、公路通达率等社会经济与交通评判指标,运用层次分析法确定各指标的权重值。在实际运用中,由于各乡镇的社会经济统计资料较难获取,需要对指标进行筛选,可根据社会经济、城镇发展、人口分布等实际情况,选择各乡镇总人口、农村经济收入、农民平均收入三项指标作为定量分析各节点重要度的指标。

在定量计算各乡镇节点重要度过程中,综合考虑乡镇发展与特色,对各乡镇重要度进行相应的调整,调整系数的推荐值可参考表 7.1。

表 7.1 乡镇特色调整系数

特色	农作物	经济作物	养殖业	学校驻地	旅游业	商业	乡镇企业
系数	1.0	1.2	1.2	1.3	1.6	2.0	2.0

一般而言,乡镇企业所在地以及具有旅游特色的乡镇交通需求较大,其调整系数较大,而以农作物作为产业的乡镇交通需求较小,其调整系数也较小。经过乡镇特色调整,其修正的重要度尺计算如式(7-1)。

$$R_i=\lambda_i\times I_i \tag{7-1}$$

式中,λ_i——乡镇特色调整系数;

I_i——乡镇特色调整系数。

各乡镇节点重要度确定后,可由式(7-2)计算各乡镇客运场站规模。

$$p_i = P\times k_i = \frac{PR_i}{\sum_{i=1}^{n} R_i} \tag{7-2}$$

式中,p_i——各乡镇客运场站规模;

P——区域等级客运场站总规模;

k_i——场站规模分配比例。

区域等级客运场站总规模 P 的确定可参考交通部颁布标准《汽车客运站级别划分和建设要求》(JT/T200-2004),客运站的建设规模与等级主要是按站务发送量确定,即客运适站量。客运适站量计算见式(7-3)。

$$P=\beta\times E \tag{7-3}$$

式中,E——区域内客运需求量;

β——客运适站量系数。

客运适站量系数β与客运车辆的入站率、中途上下车旅客的比例以及从站内上车人数占客运车辆座位数的比例有关。β值可通过调查客运站（包括马路站点）内发送的旅客量占公路客运量的比例获得，在城市主枢纽规划中，适站量系数一般取经验值25%～75%。农村地区与城市不同，随着农村客运班线逐步深入乡村，客运场站设施建设的完备，农村居民的出行需求越来越大，β值会逐渐增大。根据各场站建设等级与乘客发送量，参考交通行业标准《汽车客运站级别划分和建设要求》（JT/T200-2004），确定各农村客运场站的建设规模，其中，车站占地规模参考表7.2。

表7.2　汽车客运站单位占地面积需求参数推荐表（单位：m^2/百人）

车站等级	一级	二级	三级	四级	五级
占地面积	360	400	500	500	500

（4）农村客运场站选址

农村客运场站具体位置的选址一般要综合考虑区域内社会经济、道路交通条件、客流分布特征等多项因素，既要方便农村客流的集散，体现客运场站的社会公益性，也要充分考虑运营企业的经济效益。建设规模适应、位置合适的农村客运场站能够满足农村居民出行的需求，提高农村客运体系的服务水平，扩大客运场站服务的辐射范围，是完善整个农村道路运输体系、优化运输资源配置、实现农村道路运输业结构调整和道路运输可持续发展的重要战略任务之一。

客运枢纽选址的研究通常采用定量计算与定性分析相结合的方法。在规划实践中，人们最早采用了单纯的数学物理模型，如重心法、微分法以及交通运输的效益成本分析法。随着运筹学、物流学的完善和发展，出现了线性规划、整数规划、混合整数规划等枢纽布局优化的方法。这些方法比数学物理模型更好地反映了交通枢纽的运转机理，更接近于实际情况，但是仍然把交通枢纽的布局从交通网络的规划中独立出来，没有考虑场站枢纽所处交通网络的动态变化会对场站布局带来的影响，因此其计算效果可靠性差，通常作为定性分析提供参考。

① 中心镇枢纽站

中心镇枢纽站的功能综合化程度较高，一般作为农村客运线路的起点，数量有限，规模较城市枢纽站小，场站地址的选择性也较小，吸引客流基本以出行成本较小的交通方式进入场站，如步行、骑车或者公共客运出行方式，其布局以农村居民乘客经场站换乘集散的费用和站点投资、经营费用最小为目标，因此本项目选择介绍针对农村客运场站规模有限的情况而提出的“容量限制设施选址问题”算法，即CFLP（Capacitated Facility Location Problem）算法。

CFLP算法的基本思想是：首先假设客运枢纽的场站布局方案已经确定，即给出一组初始场站集合，根据初始方案，按照运输规划模型求出各初始场站系统的发送、吸引范围，然后在各场站的服务范围内分别移动场站的其他备选地址，以寻求各服务范围内总成本最小的新场站位置，再将新场站位置代替初始方案，重复上述过程直至整个客运场站体系服务范围内的总成本不再下降为止。CFLP方法的网络计算过程如图7.2所示。

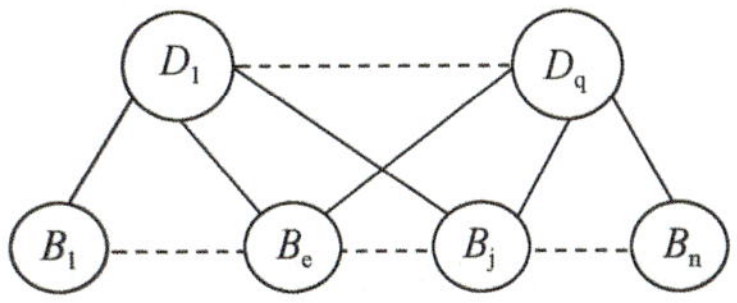

图7.2　CFLP算法的网络结构示意图

如图7.2所示，网络结构中没有反映出客运枢纽备选场站与交通发生点之间的关系，即不考虑乘客从交通发生点到客运枢纽站点的运输成本，此时规划区域内各交通枢纽场站与交通发生源之间的运输成本差异远小于运输成本本身，因此可以忽略交通发生源与交通枢纽场站间的网络部分，认为各交通枢纽场站与交通发生源之间的运输成本相等，所以在客运枢纽场站布局方案的计算中不予考虑。

② 普通站与中途停靠站

县域内中心镇客运站布局完成后，需要对其他乡镇的普通客运站进行布局。乡镇普通客运站主要服务与县域内农村客运线路间以及农村居民个人出行方式与农村客运间的换乘服务，在农村客运线路中起到了客运首末站的功能作用。

乡镇普通客运站的选址不同于中心枢纽站，一般采用定性分析的方法进行地址选择。首先，为实现农村居民便捷出行的目标，乡镇客运站的选址应结合农村客运线路的走向，注重与农村客运线路的衔接，以方便农村居民的换乘与中转，其有效吸引范围在农村居民步行或骑车出行可接受的范围之内；其次，客运场站选址过程中应结合当地城镇总体规划，参考国土部门与交通部门的意见，尽量选择公益性用地，避免占用已有建筑用地和补偿费用过高的其他用地，注意生态环境的保护与可持续发展；另外，客运站的选址优先考虑原乡镇换乘中心，为最大限度地符合农村居民的出行习惯，保证乘客出行的延续性，可对原换乘中心进行改、扩建。

停靠站与招呼站是农村客运场站体系中的一个不可或缺的组成部分，布设于干线公路或农村公路沿线一侧，需建设的数目众多。由于农村客流特征与城市公交客流差别很大，分散性也较强，因此在选址的过程中，一般在相邻的一个或几个乡村设置一个停靠站，吸引农村居民以步行或骑车的交通方式与农村客运进行换乘，具体地点可考虑沿线农村居民习惯上下点，例如农贸市场、乡镇企业驻地等。

7.2.3 农村客运线路运力配置

(1) 运力配置影响因素分析

农村客运运力配置的影响因素主要为:客运量、政策引导、乡镇经济发展情况、运距长短、时节周期及道路状况等。

① 客运量

历史统计的客运量与对未来客运量的预测,是各条客运线路运力投放的直接依据。客运量代表着客运需求,而运力的投放是提供客运服务的方式,需求能力的大小决定了客运服务规模的程度,即运力配置的额度。

② 政策引导

由于目前我国道路客运市场尚处于半开放状态,交通运输行业具有一定垄断性,同时城乡客运旨在为公众提供出行服务,因此运力的投放与配置等一系列问题必须由政府牵头管理,从宏观上进行调控,以保障城乡客运安全、有序、高效地运作。一方面政府可以根据实际需要,对某条线路的运营车辆数进行增减,另一方面,政府制定的市场准入机制,控制着客运市场的整体运力水平与结构。

③ 乡镇经济发展情况

经济发展的地区客运服务体系更加完备,运力资源更加丰富,运力结构更加完善。经济的发达程度,影响了交通基础设施的建设程度,同时也能反映出居民出行的活跃程度。经济发达、产业聚集的乡镇,人口聚集程度高,交通吸引量与发生量大,需要为其配备更多的运力。

④ 运距长短

运距长短不同,运输的成本不同,旅客所能承受的等待时间也有所变化。当运输距离近、运行时间不长时,单程运输的总成本较低,旅客能接受的候车时间也较短,所以应该增加客运班次;对于路程较远的线路可适当降低发车的频率。因此在发车周期的设置上应该考虑到运距的因素,合理地配置运力结构可以提高车辆实载率,提高运力资源利用率。

⑤ 时节周期

居民出行活动具有显著的时间周期性特征,如果运力配置的方式一成不变的话,客流高峰期则会难以维持有序客运,低峰期则会运力过剩。

⑥ 道路的技术等级、路面状况对于车型的选择有较大的影响。

(2) 运力配置原则

综合考虑上述影响因素，在投放城乡客运运力时应该遵循以下原则：

① 满足需求，适度超前原则

市场供给和需求之间普遍存在一个矛盾：供给的慢变性与需求的快变性。客运市场同样如此。为实现运输市场供需之间的动态平衡，运力投放应当遵循“满足需求，适度超前”的原则。

② 服务优先，限期使用原则

对于线路的运营权，积极开展服务质量招标制度，重视经营者的服务质量；合理控制经营者的数量，避免垄断经营和恶性竞争；线路有限期使用，根据服务质量考核情况决定其期满后是否继续拥有经营权。

③ 灵活匹配原则

在配置城乡客运运力时，应该结合城乡居民出行的日特征、周特征及季节特征，制定灵活有效的发车、配车方案。

(3) 班线客运运力配置

班线客运相比公交客流总量小，运距较长，居民出行对时效性的要求相对较低，可等待时间较长，因此班线客运在运力配置上能完成单日的客运量运输即可，无需对单位时间(小时)的运输能力提出要求。

日最低开行班次是指某条线路上单日开行的最少班次数。确定一条线路上的车辆最低日开行班次数，主要取决于客流量、车辆额定载客量、实载率等因素。一条线路上的最低日开行班次数的调整公式可表示如下：

$$a \times N \times S = Q = a' \times N' \times S$$

即

$$N' = a \times N / a'$$

式中，N——线路当前每天开行班次，班次/日；

N'——运力调整后日最低开行班次，班次/日；

S——标准座位数；

Q——单线路日客运总量；

a——当前实载率；

a'——目标实载率。

(4) 城乡公交运力配置

城乡客运一体化主要以小型城市为研究对象，小型城市的市区面积不大，城乡公交开行的范围一般是连接市区与相邻乡镇，相比班线客运，城乡公交运行线路的客流量在各个断面分布上和单位时间分布上要密集很多，其单程时间较短，因此城乡公交在运力配置上应该能实现客流量高峰小时的旅客运输，防止乘客候车时间过长。在城乡公交运力配置中，确保运能与客运量的匹配是实现优化运力配置最基本的目标。单位时间内的运输能力 Y 可以理解为该运营线路在单位时间内所能提供的座位总数，因此有 $Y=S\times f$，其中 S 为标准座位数，f 为发车频率。

在城乡公交运营过程中，客流存在着日分布特征和客运季节分布特征，会表现出普通的日常“高峰”与“低峰”以及特殊客运季节的“高峰”与“低峰”。对于城乡公交线路运力的投放，其运力应该至少能匹配高峰小时的客运需求量。基于客运量的调查与预测，可以得到各线路全年高峰小时的平均客运量。为完成运输任务，因此有：

$$Y\geqslant\omega\bar{Q}_{\text{hour}}$$

其中，ω 为客运季节不平衡系数。

所以最小的运能配置的表达式为：

$$Y_{\min}=S\times f\times a=\omega\bar{Q}_{\text{hour}}$$

从而可以求出发车频率为：

$$f=\frac{\omega\bar{Q}_{\text{hour}}}{Sa}\qquad(7\text{-}4)$$

为确保在发车周期 $1/f$ 内单线路车辆之间能够按时衔接、有效交替，城乡公交单线路上最小配车数 $C_{\min}$ 与发车频率 f 之间存在如下的关系：

$$C_{\min}=2tf\qquad(7\text{-}5)$$

其中，t 为单程运营时间。

因此将公式(7-4)代入(7-5)可得到最小配车数：

$$C_{\min}=\frac{2t\omega\bar{Q}_{\text{hour}}}{Sa}\qquad(7\text{-}6)$$

实际中的运输能力 Y 并非简单的发车频率 f 与车内座位数的乘积，应该动态地考虑乘客在途中的上下车的情况对实际运输能力的影响。因此可以引入乘客平均出行距离 $\bar{d}$ 的概念，即把运行距离为 L 的线路划分为若干个客运片段，每个片段的距离为 $\bar{d}$，即可理解为车内全部乘客每经过一个长度为 $\bar{d}$ 的片段后将会更换一批，因此有：

$$Y=S\times f\times\frac{2L}{\bar{d}}$$

而乘客平均出行距离 $\bar{d}$ 为全年高峰小时内的客运周转量 U 与全年高峰小时的平均客运量的比值，即：

$$\bar{d}=\frac{U}{\bar{Q}_{\text{hour}}}$$

同样根据 $Y\geqslant Q_{\text{hour}}$ 可以得出新的最小运能表达式为：

$$Y_{\min}=S\times f\times\frac{2L}{\bar{d}}\times a=\omega Q_{\text{hour}}$$

因此修正后的发车频率为：

$$f'=\frac{\omega U}{2SaL} \tag{7-7}$$

将公式(7-7)代入公式(7-5)，得到修正后的最小配车数为：

$$C'_{\min}=\frac{t\omega U}{SaL} \tag{7-8}$$

对比修正前后最小配车数的表达式，求其差值可以得出两者的区别，因此令表达式(7-6)减去(7-8)可以得：

$$C_{\min}-C'_{\min}=\frac{2t\omega\bar{Q}_{\text{hour}}}{Sa}-\frac{\omega Ut}{SaL}=\frac{t\omega\bar{Q}_{\text{hour}}}{SaL}(2L-\bar{d}) \tag{7-9}$$

那么修正后可减少的配车数量为：

$$\frac{t\omega\bar{Q}_{\text{hour}}}{SaL}(2L-\bar{d}) \tag{7-10}$$

7.2.4　实例分析——新沂市北沟镇

(1) 北沟镇农村客运概况

新沂市现有农村公交大部分沿着城市主要道路分布，如205国道、323省道、城市环路等，靠近线路的部分村庄能够通上公交车，但仍未实现公交车零距离换乘；乡镇与村之间、村与村之间仍属于公交空白地带。所以为了解决乡镇村之间的衔接，应该建立以乡镇为中心的公交线网。下面以北沟镇为例，具体进行公交线网及班线布局设计。

客运站作为旅客和货物产生空间位移的起始点和集疏场所，是农村公交线网中的重要节点，应科学选取站址，合理确定站点等级及相应配套设施。北沟客运站选址从“中心论”角度出发，选取客流集中的北沟小学和菜市场地域，从而降低单位运量成本，提高经济效益，减少旅客换乘次数。因为是乡镇公交运营，主要是镇域内短途客运，对站点的要求比较低，所以确定北沟客运站的规模为五级客运站。在建立北沟镇客运站的基础上，进行公交线网布局。

(2) 线网规划方案

布局方法采用“线网分级，逐级规划”的思路，先规划承担大型集散点之间联系的主干线(以县城—乡镇线路)，再规划起到接驳主干线客流、深入农村的支线。

根据分级线网的功能定位，可将其分为放射状线网、树形线网、多环型线网、网络型线网4种。由于新沂市农村道路条件较差，所以不宜采用对路网建设要求高的多环型线网、网络型线网，又因树形网换乘系数偏高、系统衔接效率低，会增加农村居民进城时间，所以最适宜选择的线性是放射状线网。放射状线网用于中心城市与外围郊区、中心城镇之间的交通联系，有利于促进中心城市对周围地区的辐射，方便乘客进城，减少进城换乘次数，而且便于车辆的调度与停车管理，与新沂市的放射性 *OD* 客流相适应。

农村公交线网四种布局结构的形态图如图 7.3 所示。

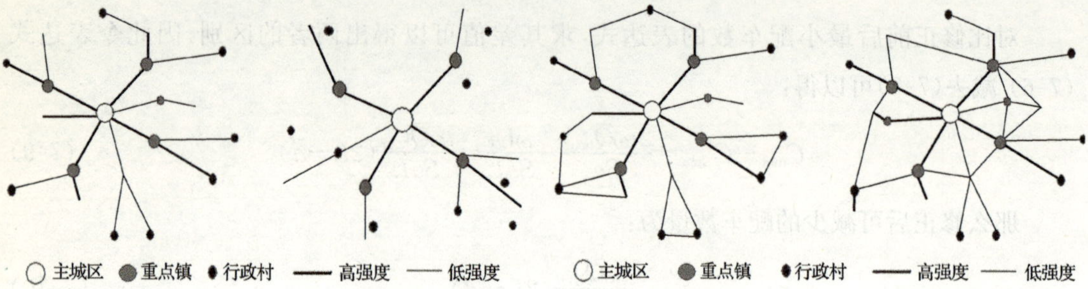

放射状线网结构图　　树形线网结构图　　多环型线网结构图　　网络型线网结构图

图 7.3　农村公交线网布局结构

北沟镇各行政村及主要场所的分布，各行政村及主要场所之间的距离见图 7.4 所示，单位为 km。

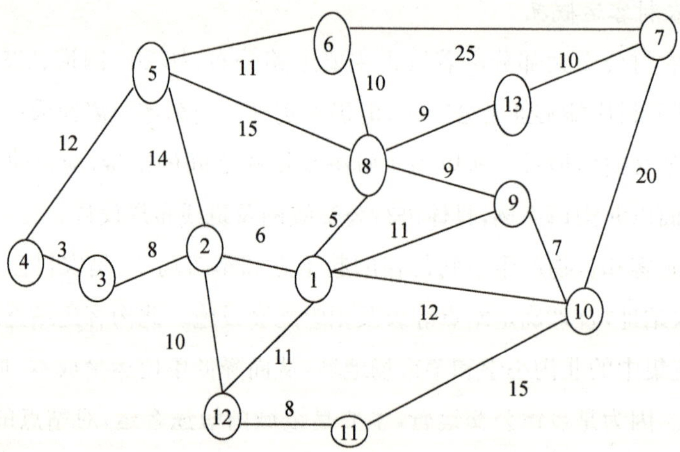

1—北沟镇客运站　2—北沟小学　3—北沟村　4—南沟村　5—塔山村　6—田吴村　7—新东村
8—神山村　9—无锡工业园　10—菜市场　11—佃户村　12—陈相村　13—北沟乡镇府

图 7.4　北沟镇主要新政村及场所里程图

目前已有的农村公交线路 8 路（新沂汽车站—田吴—北沟—陈相）、9 路（新沂汽车站—田吴—北沟—陈相）、15 路（新沂汽车站—田吴—无锡工业园）、16 路（新沂—北沟—南沟），只经过北沟的某些行政村及主要场所，且线网重复率很高，很多行政村及主要场所没有通车，因此有必要在原有公交线网上进行优化设计，见图 7.5。

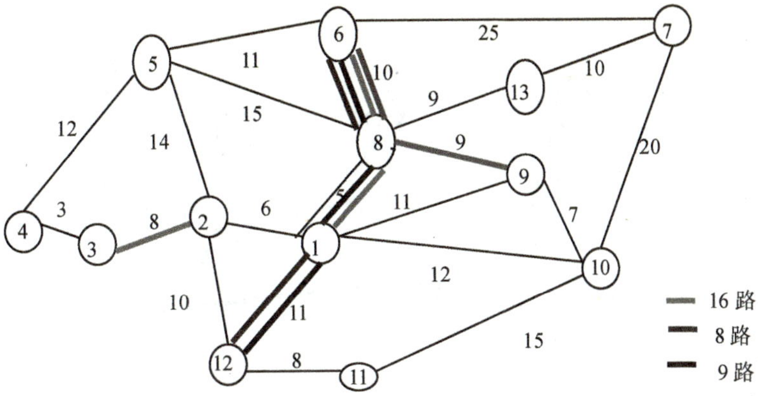

图 7.5　北沟镇交通示意图

主干线规划：原有的 16 路和 15 路从新沂汽车站出发，沿着城市主要干道，客流量较大，较好地衔接新沂市区与北沟镇之间的交通联系，因此仍选用 16 路和 15 路作为主干线。

支线规划：目前北沟镇政府、新东村、菜市场、佃户村、塔山村（即图 7.5 中的 13、7、10、11、5）没有通公交车，遵循沿主要客流方向开线、公交线网的长度标准、公交线路的布设应该尽可能地选取最短距离的线路等具体原则，以北沟站为主要最初发车点，利用最短路方法求北沟站距各站点的最短距离。

结果如下：

1 到 7 的最短距离为 24 km，依次经过 1→8→13→7；

1 到 5 的最短线路为 20 km，依次经过 1→8→5 或 1→2→5；

1 到 11 的最短线路为 19 km，依次经过 1→12→11；

1 到 10 的最短距离为 12 km，为 1→12。

结合已有的公交线路，按照公交线网设计的原则及标准，共设新线路 5 条，其中新 16 路、新 15 路作为主干线，新 8、9、15 路均从北沟站发车，减少线网重复率，提高资源的利用率，实现了村村通的目标，见表 7.3。

表 7.3　新沂市北沟镇农村公交线网站点图

线路名称	途经站点
新 16 路	新沂汽车站—田吴村—神山村—北沟站—北沟小学—北沟村—南沟村
新 9 路	北沟站—陈相村—北沟小学—塔山村
新 8 路	北沟站—陈相村—佃户村—菜市场
新 15 路	新沂汽车站—田吴村—神山村—无锡工业园—菜市场—北沟站
北沟→新东	北沟站—神山村—北沟镇政府—新东村

各线路具体走向如图 7.6 所示。

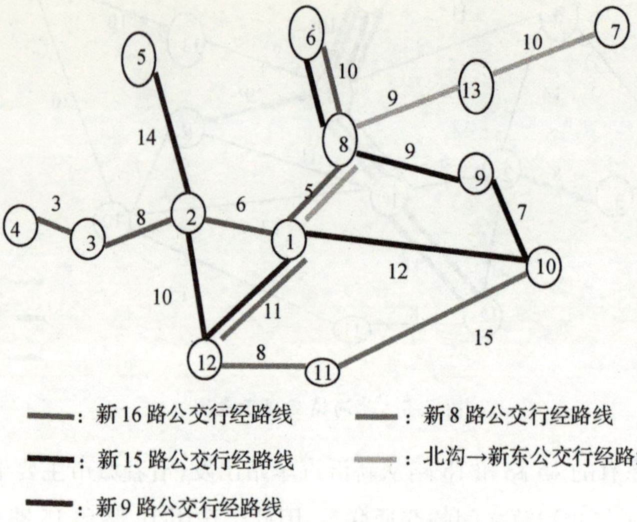

图 7.6　公交线路走向示意图

最终北沟镇公交线网规划见图 7.7。

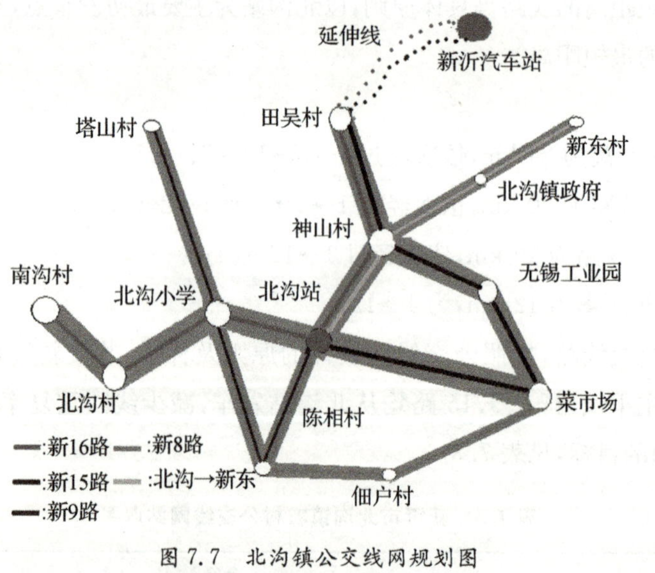

图 7.7　北沟镇公交线网规划图

(3) 班线配置设计

运力配备对于农村公交的发展有两个至关重要的影响：一是决定系统固定结构高低的重要因素，二是决定客运服务质量的关键性物质条件。

① 线路配车数

农村客运量在一天不同时段呈现出高峰与低谷的特点，因此对于农村某条公交线路，其运力不应小于高峰小时线路的最大流量，因而高峰小时最大客流量 Q 即为线路的最小运力 U_{min}，进而可以得出发车频率 n，由此可以推断出每条线路的最小配车数，并体现线网的服务强度。具体计算过程如下：

经计算，各条线路的配车数如下：

新 16 路为 3 辆，新 9 路为 2 辆，新 8 路为 2 辆，新 15 路为 3 辆，北沟→新东为 1 辆，另外在安排一辆公交车以备机动调配使用。车辆仍采用宇通 ZK6732GF25 公交车，外形为：7 330×2 340×2 930 (mm)，车内设 24 座，荷载人数为 47 人。

② 班次安排

农村公交主要的服务对象是中小学生、妇女及老人，出行的目的主要是上学、赶集购物、探亲访友。出行时间分布情况已在第 4 章中叙述，高峰一般是由上学的学生引起的，早高峰一般出现在 6:00—8:00，中午高峰一般出现在 11:00—12:00，晚高峰一般出现在 17:00—18:00。学生上学放学的时间比较固定，赶集购物、探亲访友时间相对不固定，根据现有公交班次的时间安排，结合农村居民出行特征，为北沟镇的农村公交线路进行安排班次。

新 16、9、8、15 路及北沟→新东的高峰小时发车时间间隔分别为 20、30、30、20、40 分钟，其余均为一小时一班，行程时间分别为 55、60、60、60、40 分钟，具体班线时刻见表 7.4。

表 7.4　北沟镇各路公交线路班线时刻表

序号	新 16 路	新 9 路	新 8 路	新 15 路	北沟→新东
1	6:00— 6:55	6:00—7:00	6:30—7:30	6:30—7:30	6:00—6:40
2	6:20—7:25	6:30—7:30	7:00—8:00	6:50—7:50	6:40—7:20
3	6:40—7:35	7:00—8:00	7:30—8:00	7:10—8:10	7:20—8:00
4	7:00— 7:55	7:30—8:00	8:00—9:00	7:30—8:30	8:00—8:40
5	7:20— 8:15	8:00—9:00	9:00—10:00	7:50—8:50	8:40—9:20
6	7:40— 8:35	9:00—10:00	10:00—11:00	8:10—9:10	9:20—10:00
7	8:00— 8:55	10:00—11:00	11:00—12:00	9:10—10:10	10:20—13:00
8	9:00— 9:55	11:00—12:00	11:30—12:30	10:10—11:10	13:00—13:20
9	10:00— 11:55	11:30—12:30	12:00—13:00	11:10—12:10	13:20—14:00
10	11:00—11:55	12:00—13:30	13:00—14:00	11:30—12:30	14:00—14:40
11	11:30— 12:35	13:00—13:30	13:30—14:30	11:50—12:50	14:40—15:20
12	12:00— 12:55	13:30—14:00	14:00—15:00	12:10—13:10	15:20—16:00
13	13:00— 13:55	14:00—15:00	15:00—16:00	12:30—13:30	16:00—16:40
14	13:30— 14:25	15:00—16:00	16:00—17:00	12:50—13:50	16:40—17:20
15	14:00—14:55	16:00—17:00	17:00—18:00	13:10—14:10	17:20—18:00
16	15:00—15:55	17:00—18:00	17:30—18:30	13:30—13:50	18:00—18:40
17	16:00—16:55	17:30—18:30	18:00—19:00	13:50—14:50	

续表

序号	新16路	新9路	新8路	新15路	北沟→新东
18	17:00—17:55	18:00—19:00		14:10—15:10	
19	17:20—18:15			15:10—16:10	
20	17:40—18:35			16:10—17:00	
21	18:00—18:55			17:10—18:10	
22	18:20—19:15			17:30—18:30	
23	18:40—19:35			17:50—18:50	
24				18:10—19:10	

7.3 苏北农村居民出行信息服务系统构建

7.3.1 总体要求

城乡客运信息化主要是指城乡公交信息化，在城乡一体化的背景下，通过建设客运信息系统，运用各种先进的信息采集、传输、处理、控制和发布技术，实现城乡客运中各个元素(道路使用者、管理者、运输服务设施等)的系统联系，从技术上为公交优先发展、节能减排等提供准备，最终达到系统最大运输效率，实现城乡间高品质的客运服务。图7.8为城乡客运信息化概念图。

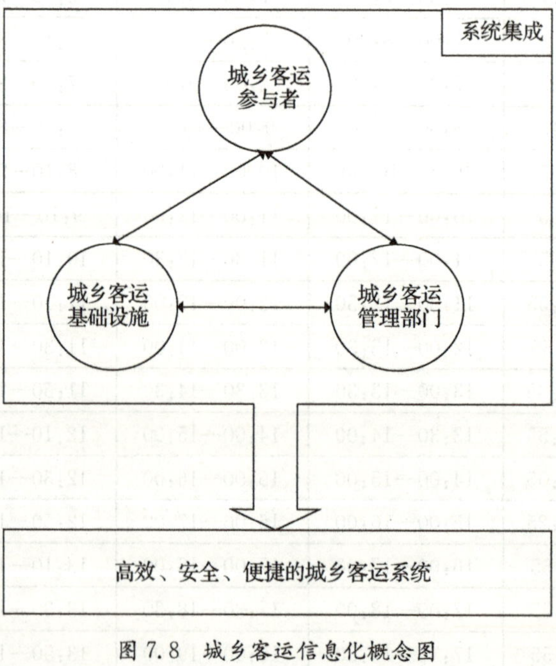

图7.8 城乡客运信息化概念图

城乡公交引入信息化技术，将有助于统筹规划，经济高效地实现应用系统间的信息共享与互联互通，实现公交信息的共享和发布，提升公交行业的信息化水平。城乡公交信息化最终目的是实现公交系统的智能化和信息化，提高公交系统的服务与管理水平，使公共交通在城乡客运中的主导作用得到充分发挥，促进交通结构优化，创造良好的交通环境。信息化引入公交系统能极大地完善和提升城乡公共交通综合管理水平，以运营、安全、服务为中心，坚持"方便出行，改善服务"的方针，在此基础上，根据城乡道路空间、客运分布、城乡居民出行特征等情况，信息化系统自动调整城乡公交运营结构和线路优化，使公交行业满足经济快速发展的同时，确保社会公众出行更加便捷。

7.3.2　信息化需求分析

(1) 现状分析

随着各方对交通行业(特别是公交行业)的重视，我国的城市公共交通体系取得了长足的进步，但是由于我国的城乡经济发展的水平不平衡，农村公交起步相对较晚，因此城乡公共交通行业远远落后于城市公交，特别是大城市公交。

传统的农村客运基本是建立在人工语音通话的基础上，随着城乡公交系统的发展，传统的方式已不能满足需求，无法进行实时的监控与调控，安全隐患长期存在，因此需要建立具有移动、实时的信息化系统，支撑公交系统管理与调控。传统的农村客运系统的各子系统之间信息不共享，影响客运的运行效率和决策分析能力，在城乡公交发展的同时，需要通过引入先进的信息化技术手段来提高行业的运行效率和服务水平。

(2) 用户分析

城乡公交信息化面向的用户群体有：行业管理者、运营者、公交驾驶员和社会大众。

公交信息化须向行业管理者提供及时、准确的公交行业运营信息，提供必要的行业监管和服务监督平台，为行业管理者掌握整个行业的营运情况和服务水平提供技术支持，也为相关决策者提供决策支持。

运营者通过信息化系统实时监控公交运营状态、实时调度公交车辆和处理突发事件、实时掌握行业运行情况、不断优化调整营运结构，为保证高效、安全、高品质的服务提供支持。

公交信息化须向公交驾驶员提供及时有效的信息，保证公交的正常、安全、合理地运行。

城乡居民作为公共交通的服务对象，信息化系统应能快捷、有效提供相关出行信息，保证出行者出行的效率和安全。在信息化中需要特别注意针对农村居民的廉价信息提供渠道。

(3) 需求特征

① 实时性。城乡公交信息化的实时性体现在根据不同用户群体的不同要求，信息化系

统应实时地发布和处理公交相关数据，比如城乡出行居民可以实时地动态获取相关车辆到达信息、线路信息，行业运营者能实时地获取车辆运营状况等。

② 移动性。城乡公交车穿梭于城乡道路之间，具有很强的移动性，如何对公交车进行跟踪管理和获取不同位置的公交数据是公交信息化系统应解决的重点问题。

③ 系统性与自动性。系统性和自动性体现在面对海量的公交数据，亟需提供智能的自动化数据信息解析处理系统，为日常管理决策提供快速数据支持，为出行者提供优质的出行信息和安全服务。

④ 便捷性。城乡公交信息化建设的便捷性体现在不同的用户能快速、方便地获取公交相关信息，如可通过 Web 网、电子站牌、广播电视、手机定制短信、手持终端等获取信息。

⑤ 政府补贴性。城乡公交信息化建设需要投入较多资金，但由于城乡居民特别是农村居民的收入决定了系统的短期盈利的困难，因此需要政府出面对系统建设和信息发布接受两方面进行财政投入，保障城乡公交信息化的建设和城乡居民使用的信息。

7.3.3 信息化系统构成及子系统设计

城乡客运一体化信息化系统作为运输信息系统的子系统，其规划和建设需要参照并遵循整个上层运输信息系统，乃至整个城市或地区的 ITS 系统规划。但在具体的系统结构构建中需要体现出其作为底层系统的具体性、可操作实施性以及对管理的支持、参与者的公平与关怀。

(1) 信息化总体架构

根据城乡公交的特点和需求分析，城乡公交信息化系统在安全与管理机制和通信网络保障的前提下，分为数据层、业务层和用户层等 3 层体系架构。数据层通过数据库技术以及接口实现数据的统一存储，通过统一交换平台为业务层提供数据服务；业务层是公交信息化建设的关键，是实现公交安全、高效、稳定运营的保障，可分为智能调度、运营监控、服务监管、车辆管理、场站管理以及公交信息服务等部分；用户可以通过专网、公网以及无线网络等方式获取相关公交信息，其发展信息图如图 7.9 所示。

城乡公交信息化系统以交通数据中心为核心，数据中心是整个交通行业数据的统一存放地，也是整个交通行业的数据处理中心，能实现交通行业数据的共享。调度中心、监控中心、信息采集和服务中心和电子站牌通过专网与数据中心进行数据交互，调度中心通过数据中心将调度命令通过无线网络传送给车载终端，车载终端利用 GPS 设备将定位信息、车辆状态信息等返回给数据中心，出行者可通过公网或者手持终端获取有关公交数据。具体网络如图 7.10 所示。

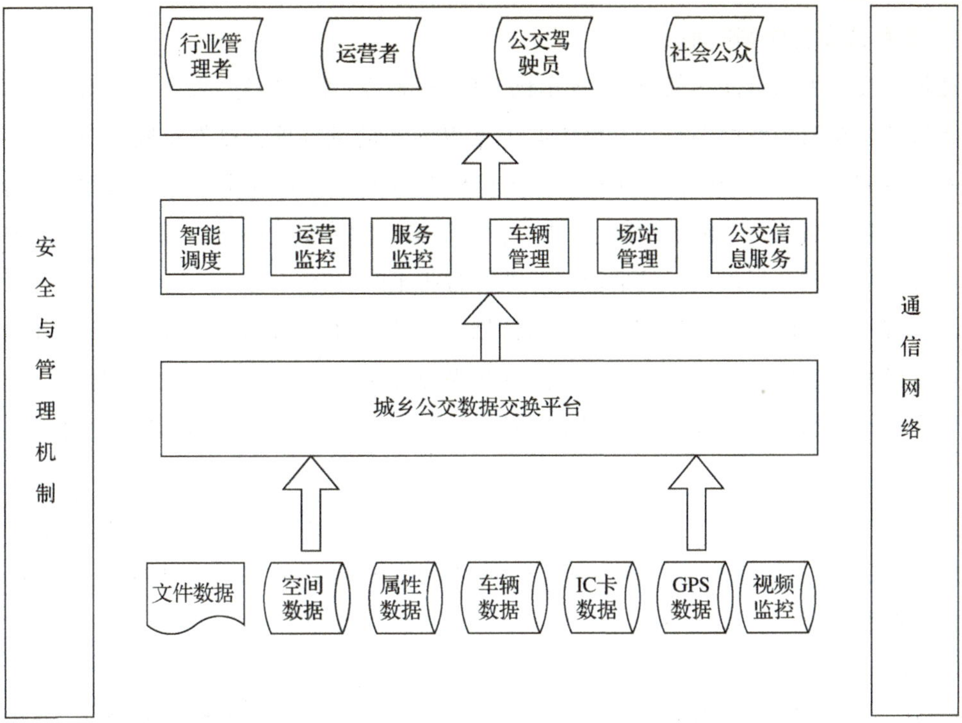

图 7.9　城乡公交信息化系统逻辑结构图

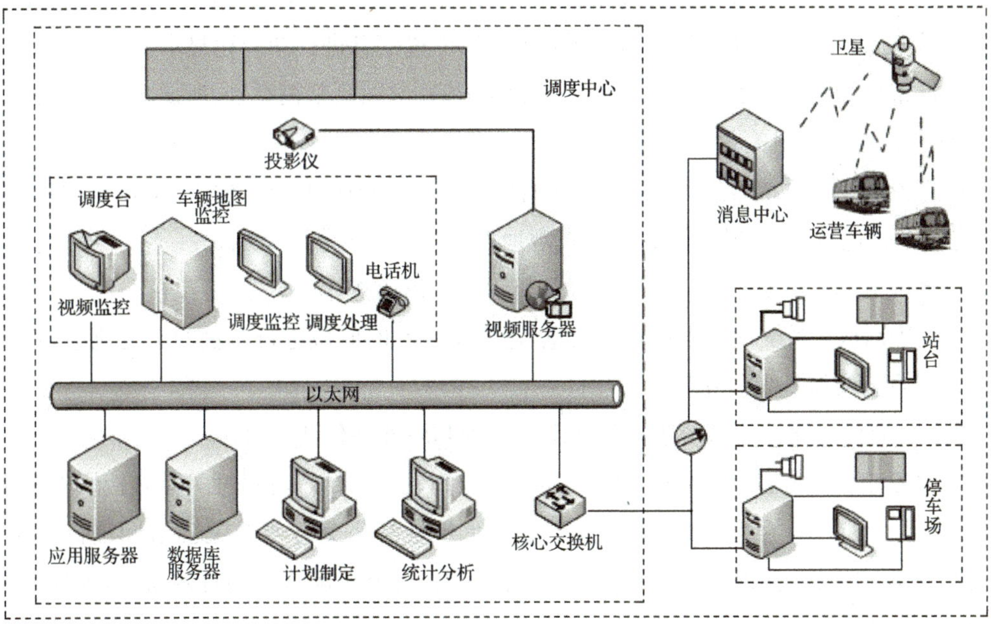

图 7.10　城乡公交信息化系统网络图

(2) 信息化子系统

① 城乡公交智能调度系统

通过公交车上的智能车载设备，将车辆的位置、速度、路况信息、乘客数量等，通过无线网络传回公交车监控调度中心。调度中心根据得到的信息合理安排发车间隔时间，再通过无线网络将调度指令发送到公交车辆上。司机根据指令控制出发时间、行车速度等，同时将车辆信息通过网络发布到电子站牌上，让乘客了解最新的公交线路运行情况，为公交的信息化和服务水平的提高提供良好的平台。其主要的功能模块有：

a. 车辆自动调度：系统根据车辆运行计划表、车站运行状态和整个路网分析，自动结合相关调度模型产生优化、动态的调度命令，并由调度中心自动转发给驾驶员，驾驶员根据调度命令实施车辆运行计划，同时，根据实际情况修改相关参数(如发车间隔)，自动调整调度计划。

b. 人工辅助调度：当自动调度模型不能满足实际班次车辆的调度时，调度员根据车辆运行情况、线路信息等修改相关参数实施车辆的调度，在多任务状态下，具有转换、激活、保持和监控调度功能。

② 城乡公交运营监控系统

a. 基于 GIS 的监控：系统以交通专用地图为背景显示车辆动态状态与轨迹，对被监管车辆实时全图监视、局部监视、跟踪监视，如车辆运行位置。

b. 运行图监控：通过模拟的线路运行图，动态显示线路车辆分布位置，结合相邻车次信息，监控车辆是否正常运行，以及为线路上车辆的位置信息进行图形化显示。

c. 异常报警监控：系统自动快递定位报警车辆，识别该车辆类别、所属单位、车牌号、驾驶员等信息，并调度相关车辆进行援助。

d. 跟踪控制：系统根据设置对选定车辆进行跟踪，能在电子地图中心显示被跟踪车辆，对该选定车辆进行联系的跟踪监视，能直观地发现该车是否正常运行。

e. 多屏显示：根据需要可以同时跟踪显示多个需监控车辆。

f. 轨迹回放：系统利用车辆基础信息，选定车辆和时间段进行车辆的历史轨迹的回放。

③ 城乡公交服务监管系统

城乡公交信息化监管系统主要包括服务监管和服务评价两部分。

a. 服务监管业务：公交车速、候车时间、准点率、换乘系数、舒适性等是直接影响公交行业的服务水平和公众的满意度，建设服务监管业务是对公交行业的关键指标进行采集、统计、分析提取和挖掘，获得准确的服务评价考核依据，对公交运营车辆有效监管，为提升公交形象和影响力提供支持。

b. 服务评价业务：评价现有公交的运行状况，其评价指标有正点率、平均行车间隔时间、车次兑现率、公里兑现率、车辆利用率、站点覆盖率、平均运营速度、滞站发生频率、越站发生频率、大间隔发生频率等服务供应指标，行车责任事故频率、超速发生频率等安全运营指标，运营总收入、居民年乘公交车次数等相关运营效率指标组成。通过对指标的挖掘分析，把握公交总体发展水平，为公交进一步发展提供规划、建设、监督等方面的依据，对整个城乡公交系统起到积极推动作用。

④ 城乡公交场站管理系统

城乡公交场站主要有车辆保养场、中心停车场、线路的始发站和终点站、中间站和枢纽站等场站，系统利用电子地图能显示场站的具体位置信息，并能实时监控显示某场站停靠的车辆数、停靠车辆信息等。

⑤ 城乡公交信息服务系统

公交信息发布可以分为动态信息发布和静态信息发布。动态信息主要指公交运行中产生的实时性动态数据，如车辆到达时间、车辆位置、车载率、道路拥堵情况等。出行者可通过定制手机信息、电子站牌等方式获取车辆动态信息，可促使出行者合理的安排出行，提高公交服务水平，缓解交通拥挤。静态信息发布主要是线路信息、站点信息等，用户可通过网页、广播发布、可变情报板等方式获取此类信息。

在城乡公交信息化进程中，需要结合农村地区的特点，采用适应的方式发布信息，如偏远地区以静态信息为主，而靠近城乡结合部和高峰时间宜采用动态信息发布，同时，在信息服务价格方面应该考虑政府财政补贴支持。

7.3.4 信息化实施路径

(1) 总体的规划层面

城乡客运一体化信息化需要主动融入上层交通信息化规划，通过对上层规划的理解，争取到国家和地方政府在管理机制、竞争机制、投融资机制以及宽松的市场环境上的给予照顾和优先发展。

由于投资规模大、市场效益不如城市中心区明显，城乡公交信息化建设必须有国家和地方的重视和支持，通过政府制定宏观的法规，引导企业和有关单位的有序参与，才能使城乡公交信息化建设走上正轨。

(2) 具体的实施层面

在具体的项目规划实施阶段，需要分阶段、分地域进行，结合城乡统筹的发展要求，设计系统内各子系统的功能构件，将各系统要素有机地结合起来。

建立行业统一的数据规范和标准，结合智能交通信息标准，建立城乡公交、出租、长途客运等行业统一的标准，是实现统一交通信息平台的前提。建立交通数据中心和统一交通信息平台，实现交通行业资源的共享，以提高行业的运营效率，有效地缓解各种交通问题，提供优质的交通服务，减低能源消耗和环境污染。

同时，在进行实施时，要强调因地制宜，不能违背规划的宗旨盲目发展，通过循序渐进的方式，先试点再推广，逐渐形成系统互连、信息共享的局面，最终发展形成一体化的城乡公交信息化系统，实现城乡客运一体化。

7.4 本章小结

随着苏北经济社会的快速发展，农村居民出行将呈现不断繁荣的趋势，农村居民对出行服务的要求也将不断提高和升级，构建符合未来农村居民出行需求的出行服务体系，解决当前农村居民出行存在的问题尤为迫切。由于农村公路和农村客运站都是服务于农村居民出行的客运基础设施，农村客运班线作为为广大农民提供基本出行保障的服务产品，具有较强的公共属性。

基于苏北农村居民出行服务体系要素构成及其属性分析，结合居民出行服务要求，提出苏北农村居民出行服务体系建设愿景，主要包括农村居民出行设施网络建设、农村居民出行信息系统建设等，对实现农村公路、农村客运站、农村客运班线的一体化发展，达到城市客运系统、城际快速客运系统的无缝衔接等提供支撑。在苏北农村居民出行服务体系具体建设过程中，政府应在规划引导、建设管理、资金补助等方面应发挥积极的作用，对农村居民出行服务体系建设起到关键性作用。

第8章 苏北农村客运运营组织模式决策

8.1 苏北农村客运交通发展战略

针对苏北五市发展农村客运存在的问题和发展的症结，借鉴国内外相关发展经验，苏北农村客运交通需要构建一个资源共享、布局合理、衔接紧密、方便快捷、畅通有序的集约型交通发展格局，采用集约化、网络化、组织化的发展模式。在此基础上提出四大发展战略：

(1) 基础设施先导战略

以农村客运网络扩容为指引，加大农村客运交通基础设施投入和建设力度。加强农村公路网络建设，注重与农村客运通达性与安全性相关配套设施的同步建设和完善；加强农村客运场站设施建设，完善和提高场站规模、等级和功能；扩大农村客运主干通道的公交化网络规模，加大车辆和配套设施的投入。

(2) 城乡一体化战略

明确农村客运在城市交通发展中的定位，加强农村客运交通与城市公共交通的紧密衔接，促进城乡客运一体化；认清农村客运在道路旅客运输中的地位和作用，加强农村客运与对外长途客运之间的衔接，推进农村客运与长途客运一体化发展；促进城乡路、站、运协调发展，对内交通与对外交通紧密衔接。

(3) 市场化战略

营造良好的客运市场氛围，吸引若干大中型客运企业参与农村客运市场竞争，规模化、专业化经营，树立品牌意识；加大政府投资力度，拓宽投融资渠道，积极吸收社会资金，鼓励客运企业上市，增强农村客运发展抗风险能力和市场竞争力；整合客运市场资源，合理匹配区域运力，提高区内线路运营组织水平。

(4) 地域差别化战略

根据苏北各区县地域和社会经济发展特点，以及与城镇空间体系的关系，基于农村客流特征，建立差别化的农村客运供给体系和运营管理方式，注重共同目标导向下农村客运发展形式的多样性。

8.2 苏北农村客运交通发展战略任务

为实现上述战略，苏北农村客运发展战略任务主要有：

(1) 提升农村客运交通的吸引力和竞争力

① 进一步扩容，提高设施供应水平

进一步完善农村客运线网布局，提高线网密度和线路通达深度；构筑农村客运站场体系，分类、分等级和规模进行农村客运综合场站建设与管理，加强沿途停靠站点的布置与优化，提高站点覆盖人口率，保障农村居民出行安全性；继续加大客运车辆投入，优化车型结构。

② 提高农村客运运输效率

积极推进条件成熟的农村客运班线公交化改造，促进城乡公交一体化发展；保证主要客流走廊的服务水平和发车频次，缩短城乡沟通的时间距离；提高线路直达性，降低换乘次数；提高客运线路组织水平，总体把握和协调线网运行。

③ 保持农村客运票价水平的合理性

协调客运成本与价格的关系，兼顾经济效益与社会效益；引入竞争机制，注重市场调节与行政干预的协调，提高农村客运经营抗风险能力。

④ 促进运输形式多样化发展

发展快运与普运相结合的客运方式，加大高峰期线路区间运输的投入；注重农村居民出行特征把握，打造农村客运多元化服务形式。

(2) 协调农村客运交通与城镇体系发展的关系

① 苏北农村客运交通与苏北城市化及城乡统筹发展战略相协调

一方面，城市化进程促进农村剩余劳动力向外转移，推进农业的规模化生产、社会化服务和企业化经营，进而推进一体化的农村客运网络、场站体系构建以及农村公路网等基础设施建设和服务质量的提高；另一方面，农村客运交通支持和适应城市化和城乡一体化的发展进程，适应中心城市向外疏解、城镇自身功能完善以及城镇规模化效应、集聚效应和辐射效应的发挥。

② 苏北农村客运交通与苏北城镇空间形态和布局结构相协调

总体上，苏北农村客运交通要适应苏北未来城镇集中式的不均衡发展模式，适应苏北城镇发展构架；各区县农村客运交通既要与区(县)域城镇体系相协调，也要与区域城镇体系发展方向相一致。

③ 苏北农村客运交通与产业活动、城镇建设及人居环境相协调

农村客运交通针对城镇产业特点开展服务，支持地区产业集聚和扩散效应的快速发挥；在城镇开发和建设的同时，按照农村客运基础设施不同功能和等级做好用地控制，鼓励和促进车站功能的复合使用以及周边土地的综合开发；农村客运服务适应人居生活环境，符合农村居民生活习惯，并注重农村地域风貌和历史旅游文化遗产的开发和保护。

(3) 加强农村客运与其他客运交通方式之间的互补与衔接

继续加大城市道路和国省县乡公路网建设，推进干线公路网络化、乡镇公路灰黑化、等级化，构建农村客运网络化发展平台；明确农村客运在道路旅客运输系统的功能定位，充分体现自身特点，实现各种客运方式之间的优势互补；加快建设乡镇等级客运站以及城市对外客运交通枢纽，实现农村客运与城市公交、长途客运的有机衔接，从而构筑一体化的客运交通体系。

(4) 整合农村客运市场资源

① 经营主体整合

推动农村客运经营主体规模化、集约化整合，建立农村客运现代企业制度，规范市场经营行为，取得规模经济效应。通过整合农村客运经营主体“散、小、弱、差”状况，克服组织化程度较低带来的市场集中度相对偏低、经营行为缺乏约束以及运输资源低效利用等问题，提高农村客运发展抗风险能力，有利于农村客运网络的整体协调和“村村通”工程的有效维持和推进。

② 客运线路整合

打破传统单线经营与组织方式，实现区域范围的线路联合组织。采用多种线路运营组织形式，提高农村客运线网的整体运行效率和经济效益，降低营运成本，节约人力、物力和财力，发挥线网的整体效益。

③ 运力资源整合

利用线路联合组织形式进行运力资源配置再优化，依据客流特点动态调配运力，发挥区域联动效应。

8.3 农村客运运营管理模式分析

经营模式是企业根据其经营宗旨，为实现企业所确定的价值定位所采取的某一类方式

方法的总称。其中包括企业为实现价值定位所确定的业务范围，企业在产业链的位置，以及在这样的定位下实现价值的方式方法。由此可见，经营模式是企业对市场做出反应的一种方式，这种方式在特定的环境下是有效的。

由上可知，客运经营模式就是客运企业根据其经营宗旨，为实现客运企业价值所采取的经营方式的总称。其中包括客运企业为实现其价值所制定的运营方式、管理方法等，使企业能积极面对不断变化的经营环境。

（1）班车经营

这是一种传统的经营模式：进站经营，定点定时发班，依线运行。适用经济较发达、客流相对集中、运力运量基本平衡、市场秩序比较稳定的地区。

2010 年 9 月，宿迁泗阳县全面推进农村客运工作，加强了农村客运站建设和农村客运通达工程，加强了客运站的运营和联网售票，落实了客运班车运营主体和客运班车运营线路，加快了农村客运的发展。

（2）公交化经营

按公交的运营模式，滚动发班，发班时间间隔较短，沿途按站点停靠，实行分段票价或全程统一票价。适用于经济发达的城乡结合部，早晚客流集中，平时客流量相对稳定，客运车辆密集，票价相对较低，主要依靠稳定客源获利。

（3）特色班车经营

对一些不具备普通班车经营条件的农村客运线路，可根据沿线学校、医院、邮局、集市等公共设施的布局，由客运企业在某个时间段开行班车，满足农民出行的需要。

如根据农村客运出行特征，考虑到农村客运市场的间隙性和分散性，采取了区域经营、循环运行的方式，开通“赶场车”“学生车”等。根据每个乡镇赶场的时间，开通到那个地区的赶场车，每天不止一班。而在学生放暑假、开学时，也调配运力，加开班次。

（4）联合经营

线路所有经营者自愿组成联合体，统一售票，利益共享。该模式适用于客流量大、客运车辆多且多为个体经营的地区，运行方式多为滚动发班、依线运行。

实行公司联合体经营，即按照现代企业管理制度，以产权为纽带，通过线路共营、利益共享、风险共担的方式对现有客运主体进行整合，组建既可从事农村客运、又可从事城市客运的经营联合体。未来要创新联合经营体系，设立组织机构，明确各自的职责，完善各项工作制度，严格遵守各项规章制度，有效解决农村客运“乘车难”的情况。

（5）捆绑经营

运管部门在许可班线的时候，将冷热线捆绑在一起招标，中标者必须同时经营两条或多条线路。该模式适用于当地农村客运线路冷热不均，且经营者实行公司化经营的地区。这两种模式可以用热线补冷线，且冷线需加强行业监管，以避免停班和塌班。

未来可遵循"热线与冷线捆绑，主线与支线搭配"的原则，以片区为单位进行公司化改造，将公车公营、片区经营和企业的经营效益连成整体，促使运力不断优化。同时，对少量客流量长期较少而群众确有需求的农村客运班线，采取财政补助的办法，确保农村客运班车通达深度和覆盖广度。对于开通班车不成熟的地方，因地制宜开通"乡村巴士"，在既定的经营区域内根据群众的需求"自由活动"。

(6) 区域经营

运管部门将一个经营区域采取招标的方式，交给一个公司经营，由公司制定相应的运营计划，自行确定经营区域内的投入运力、开行班次、线路走向，保证区域内所有的行政村在一定时间内通车，以解决原来分散经营、恶性竞争、秩序混乱、社会效益差等问题。

针对经营主体和车辆结构多元化的实际情况，对农村客运实行区域化管理，实行统一调度、统一发班、统一分配，突破传统一车一牌的模式，实行定线、定班、一车多线多点、冷热线搭配的大循环经营方式。区域化经营从根本上解决了农村客运线路冷热不均的问题，极大地调动了运输企业发展农村客运的积极性，而冷线的亏损也可以从热线的效益中得到补偿。

(7) 专线经营

专线经营将一条新开辟的线路交给一个经营者经营4～6年，在此期间，经营者可以根据市场需求，在保证这条线路每天能有一班车的基础上，自行增减运力和班次，规避风险，培育市场。该模式适用于经济落后的部分冷线。

(8) 延伸经营

将一条经营效益比较稳定的客运线路延伸，通达几个未通车的村，延伸的村不一定每班车都开行到，但至少每天一班。这种方式简单易行且不增加新运力，可保持市场秩序的稳定。

随着客运企业的发展，越来越多的地区实行城郊一体化，南通地区开通了若干线路，由南通市长途客运站统一运营，班线从城市一直延伸到乡村。方便了城市居民下乡，也方便了农村居民进城，大大提升了人民的生活水平，加快了农村客运的发展。

现阶段，苏北农村客运存在的一系列问题主要表现在由于经营模式的不合理性带来的运力投放不平衡、经营方式粗放、行业监管不力等等。如果能转变客运经营模式，客运企业就能对班线、班次、运营模式、监督管理、人员调配、基础设施等进行统一的安排，就有利于对农村客运进行全面的管理，促进其健康发展。

8.4 苏北农村客运经营模式的选择

在组织管理模式上选择公司化经营，即经营单位将产权明晰、具有完全处分权利的营运车辆，在与运输生产直接关联的经营活动中，最大程度地实现自主经营。

公司化经营模式有很大的优势。它避免了经营中的短期行为，规范了经营行为，使得客运市场的竞争有序；班车统一车型，车况普遍较好，线路也有了统一的形象和服务标准；公车公营促使企业统一开发线路，有利于防止盲目开发和运力过剩，同时便于管理。线路经营状况良好也会在很大程度上提升企业的形象和竞争力；公司制定了统一的服务标准，对司乘人员进行规范的服务，有效地保证了服务质量。因此，公司化经营应该是苏北农村客运经营的发展方向。

(1) 公司化经营有利于客运企业进行管理

公司化经营后，客运企业在客运市场的竞争中掌握了主动权，在线路安排及运力调配方面也比较容易，车辆的产权属于公司，公司对于线路和车辆的增减有权力安排。企业对运营线路能进行科学的规划和设计，能在满足旅客需求的同时提高企业经济效益。客运企业遵守行业规则，将长期利益和乘客利益结合在一起，为旅客提供优质的服务，满足旅客出行需求。

(2) 公司化经营有利于提高客运班线的软硬件设施

公司化经营模式，有利于提高线路的软硬件设施，私人经营者一般经济实力不雄厚，导致营运车辆档次比较差，司乘人员服务意识比较差。公司化改造后，客运企业统一投放的营运车辆可以提高档次，整齐的车型、统一的标识和规范的服务对于公司整体形象的提高也有很大的促进作用，能提高整个社会对企业的认知度。司乘人员由公司统一培训、统一安排，也能有效提高服务品质。

(3) 公司化经营有利于企业降低成本，增强竞争力

客运企业要实现规模经济，就必须建立完善的运输经营组织体系，节约运输设备的采购成本，提高运输设备使用效率，形成完善的运输安全保障系统。公司化经营可以降低运输企业的经营管理成本，如燃料费、过桥费降低，实载率提高等。客运企业可以通过公司化经营转换经营机制，引导企业走上经营组织化、管理科学化、运输专业化、发展集约化的道路，加强对营运车辆、司乘人员的控制力度，提高企业的组织能力和管理水平，强化竞争能力。

(4) 公司化经营有利于提高经营者的竞争意识

实行公司化经营后，可以充分激活市场机制，增强运营者的竞争意识，自觉提高服务，改善客运市场机经营秩序，减少政府的监督成本，提高整个行业的竞争力，促进公路客运业健康发展。使黑车、无证经营、恶性竞争、串线经营等问题得到根本上的解决。

(5) 公司化经营有利于提高客运的安全性

实行公司化经营后，车辆驾驶员由经营者、操作者的双重身份变成了单一的操作者，他们一心一意保证安全生产，提高了安全性。公司化经营的车辆实行统一管理，间隔发车、正点运送，从根本上解决了客运超载问题，也杜绝了疲劳驾驶。

(6) 公司化经营有利于促进农村经济快速发展

合理的客运经营模式，能促进苏北农村客运的健康发展，改善农民的出行条件，加强城乡之间、苏南苏北之间的联系，促进城乡共同发展，改善农村居民的生活条件和生活水平，缩短苏南、苏北之间的差距，加快苏北地区经济的快速发展。

在具体的运营方式上，应具体问题具体分析，根据居民出行特点和需求进行选择。可以优先考虑以下几种方式：

① 班车运营

客车固定在一条线路上运行，按照居民出行特点确定班次时间。这种班线主要在运输经济效益较好的市区到乡镇之间开设。

② 季节班车运营

农民的出行受季节影响大，可以根据农忙农闲的时间分布规律开设季节班车。农村外出务工人员多，季节班车也应该适应农民工出行和返乡时间的需要。

③ 公交化运营

对乡镇发往中心城区间客流集中的班线，实行公交化改造，降低票价，沿途设置停靠站点，实行高密度发班次循环运行。

④ 定区域模式

在经济不是很发达，但农村居民点相对集中的地区，可以开设一条班线，这个班线带动整个区域，车辆在一定区域内循环绕行后，再前往目的地。村与村之间以循环线路连接，乡镇和村之间再以循环线路相连，市区与乡镇之间再开通直达班车。通过大循环套小循环的模式，可以在很大程度上增加客运班线的通达区域。

⑤ 延伸经营

将一条经营效益比较稳定的客运线路延伸，通达几个未通车的村，延伸的村不一定每班车都开行到，但至少能在一定程度上满足农村居民的出行需求。

8.5　本章小结

城乡客运一体化是在城乡道路通畅、场站等基础设施比较完善，城乡客运网络体系高效运作、城乡客运相互融合的基础上，有序衔接，综合利用各种客运资源，争取效益最大化和服务水平不断地提高，以达到城乡客运在管理体制、运行机制、经营方式等方面协调发展的过程。城乡客运一体化要求加快农村客运场站建设，优化农村客运运营组织模式，推进城乡客运市场整合成，以解决原来分散经营、恶性竞争、秩序混乱、社会效益差等问题。

第9章 健全苏北农村居民出行服务体系政策建议

9.1 管理体制改革政策

苏北农村居民出行服务体系建设，需要市、区、乡镇三级政府共同推进，健全工作机制，完善责任体制。

(1) 建立共同发展责任体制

推进农村居民出行服务体系建设，需要建立市、区、乡镇三级政府共同发展的责任体制。当前，要进一步强化区、乡镇两级政府的责任，强化基础建设、财政扶持、运营监管等方面的工作开展，解决乡镇政府在这方面的工作薄弱环节，或填补乡镇政府长期以来在农村客运发展方面的工作空白。

(2) 完善农村客运发展规划

由市客运主管部门牵头，市有关部门和相关客运企业参与，会同县(区)共同制定城乡客运、农村客运一体化规划，主要包括这几方面的内容：一体化管理体制改革、客运市场发展、运营体制改革、财政扶持体制、基础设施建设、票价和IC卡发展等。

(3) 推进农村客运管理体制改革

农村客运管理体制改革涉及不同群体的利益，特别是农公班线路经营者的利益。因此，应当有一个适当的时间跨度，稳步推进农村客运管理体制改革的进程，推进公交客运和农公班客运两个管理体系的整合，按照“多予、少取、放活”的要求，进一步改善农村客运发展环境，不宜以运动式的方法齐步走、也不宜寄希望一次改革到位。

(4) 确立政府主导的农村客运市场机制

农村客运的公益属性，要求建立政府主导的农村客运大市场机制。通过立法，明确政府对农村公交的财政补贴及政策、规划等方面的支持，实现政府对城乡客运市场的主导。除充分利用财政扶持的手段之外，还需强化客运市场的运营监管，杜绝非法经营行为，建立有序竞争的市场体系，引入合适的市场经营主体，形成有序竞争的市场格局，促进农村客运事业有序发展。

9.2 财政支付政策

农村客运是城乡客运一体化的重要组成部分，它与城市公交都是社会公益性事业。城市公交由于政策的扶持与倾斜，可以享受财政的补贴、奖励、免税等待遇，而农村客运却没有此待遇。农村客运是为农民群众提供普遍交通服务的公益性产品，属于市场缺位而需要政府到位的领域，鉴于目前农村客运市场客流不稳定、运营成本高、效益不理想、企业经营难的实际情况，政府及有关部门应加强对农村客运发展的财政支持，健全农村居民出行服务体系。具体的财政措施如下：

(1) 农村客运交通设施建设的投入应当纳入政府公共财政预算

政府财政每年应列出专项资金，用于城乡公共交通基础设施建设和城乡公交客运经营补贴。政府性基金要向城乡公共客运倾斜，并结合当地政府实际情况，安排一定的财政资金用于城乡公共客运基础设施建设和养护以及城乡客运班车的更新。

在农村公路建设方面，规定农村公路建设一般应当在原有道路基础上进行建设，注重提高路面等级，完善防护排水设施，增强晴雨通车能力，优先考虑危桥、险涵的改造，根据使用任务、功能和适应的交通量采用二级、三级和四级等 3 个等级的公路。

在加强农村公路建设的同时，按照“城有枢纽，镇有站点，村有亭牌”的思路加强站亭建设。由政府提供用地并减免或免征相关费用，同时开放建设投资市场，通过冠名、广告等方式，优先吸引社会资金参与。对部分难以通过市场方式融资的站场，由政府之间投资或政府补助等方式筹资建设，使农村客运场站建设与新农村建设和农村公路网同步规划、同步设计、同步建设、同步验收。

(2) 政府对城乡客运企业实施优惠措施

对定年限内对城乡客运企业免交营业税，一定年限内减半营业税，并采取政府补助的办法，积极鼓励和引导客运企业投放农村客车，开通通村油路班车，解决偏远乡村居民出行问题。

对于新增、更新及公司化改造涉及的车辆收购和车辆电子信息服务设施等，政府应提供财政、信贷支持及政府补贴等。凡由政府部门投资或补助的车，对农村客运车辆要减免或免收站务费用。对农村客运站，还应鼓励其通过多种经营方案，增加收入，以站养站。

(3)“公交优先”延伸及农村

政府应积极支持客运企业增开城乡公交线路和优化车辆结构，对新增或更新符合标准的城乡公交车辆分别给予适当的资金补贴，具体补贴标准由交通管理部门制定，报政府批准后由政府财政支出，并给予企业贴息贷款支持。

城区公交向农村延伸，但这种延伸不是简单的“城区公交＋农村客运”的营运方式，它涉及许多问题，如公交低票制、老年群体免票制、公交IC优惠制、公交财政补贴制、公交税费减免制以及车辆的公交定性等政策问题，所以城乡客运一体化，需要政策一体化的配套，而这种配套主要体现在政府和有关部门对城区公交和农村公交在政策上要一视同仁。

(4) 农村客运配套基础设施建设统筹兼顾

农村客运站是城乡公交网络的节点，是城乡公交的基础条件，农村公交的停车场、保养场、首末站、途径停靠站亭建设应列入政府公共用地规划，要优先预留、保证建设用地，在建设资金上给予必要的补助，使公共资源配置向农村倾斜，逐步改善农村公共服务条件。

在目前各地交通建设资金十分紧缺的情况下，建议江苏省交通运输厅通盘考虑，把农村客运站场建设作为一项重点扶持内容，出台农村公交一体化站场建设资金补助政策，以减轻基层交通部门的资金压力，加快农村客运的站场建设，完善农村客运的站场设施。

(5) 建立完善城乡客运一体化的财政补贴机制

对城乡公交政策性亏损、公交承担社会福利、学生运输和完成政府指令性任务增加的支出，按照政府财政、审计、物价、交通、城管等部门联合审计的结果，给予财政补贴。

未来要积极争取当地政府和有关部门支持，逐步完善公交化运行的农村道路客运与城市公共交通在税费、补贴等方面的政策，通过以奖代补等方式，鼓励提高农村客运通达深度、广度、密度和服务水平，引导农村道路客运公司化、集约化、规范化经营，提高农村道路客运可持续发展能力。

(6) 税收和交通税费优惠

由于农村经济发展的落后，农村居民出行人数比较少等原因造成的农村客运经济效益低下，是当前乃至今后一段时间长期存在和不可能显著改变的问题，并将直接影响着公司经营农村客运线路的积极性和农村客运班线的推开。解决这一问题行之有效的办法是政府和交通有关部门予以积极扶持，出台优惠政策。

税费上对城乡客运企业或个人实行减、免、缓的政策，如对城乡客运的油料实行优惠政策，在收费的路、桥，城乡客运车辆享受减免的政策。如由于汽油价格不断上涨，运营成本增加，许多城乡客运企业由于城乡客流量较小，表现出对城乡客运市场盈利前景的担忧。因此，为调动城乡客运运营者的积极性，以便于为群众提供更好的客运服务，交通管理部门可给予城乡客运线路(城区到乡镇)的车辆客运附加费减免，给予城乡客运线路(镇到村)的车辆全免客运附加费等车辆税费征收优惠政策，以切实减轻农村客运班车的负担，保障农村客运班车有一定的经济效益，促进农村客运班线的推开，真正使农村客运班线开得通、留得住、有效益。

9.3　票价定价政策

票务收入是城乡客运最主要和最稳定的收入来源，是客运汽车运营政策中最重要的因素。要制定科学合理的票价政策必须兼顾运营者和出行者的利益。

农村客运公益性，决定了政府有责任为农村百姓提供价格低廉、方便、舒适、快捷的城乡公共交通服务。要实现城乡客运一体化和城乡客运协调发展，政府要从构建和谐社会的高度出发，立足城乡经济、社会和环境资源的可持续发展，建立相关部门联动机制，建立农村客运的低票价的定价和价格体系，加大财政对城乡公交车的营运性亏损、政策性亏损的补助，以及对承担社会福利和完成政府指定性计划任务的企业给予专项经济补偿，并列入政府的财政预算。对公益性线路的开设，政府应采取特殊政策。

此外，考虑到公交 IC 卡的应用普及，需要制定从城市公交 IC 卡拓展到城乡全域交通 IC 卡的发展规划，实现 IC 卡城乡一体化的目标。

9.4　市场调控政策

(1) 调整经营主体

按照规模化、集约化、公司化的要求对城乡客运经营机制进行转换和改造，使其成为真正的产权清晰、利益明确、自主经营、自我约束具有独立法人和独立的市场主体。按照政府引导、行业推动、企业自愿的原则，采取产权重组、股份制改造和兼并联合，引导经营者进行有效整合，逐步使城乡客运市场以公司化经营主体为主导。

(2) 完善城乡客运企业经营资质管理

遵循“公开、公平、公正、诚实信用”的原则，把市区、农村客运线路合为一体，确定城乡客运经营者，按照企业经营资质和诚信度推行线路经营权招投标制度。按照企业经营资质对城乡客运线路进行资源配置，交通管理部门严格按照企业资质安排运营线路。

(3) 市场退出政策

针对过去营运车辆私下恶意炒卖、以包代管等问题，要通过行政的手段、法律的手段和市场的机制，建立起经营年限制、服务质量招投标制、营运社会评议制及公车公营制等营运规范机制和优胜劣汰的市场退出机制，打破过去的经营终身制和垄断制，以建立起规范、有序、健康、稳定的营运秩序。

交通管理部门必须对城乡客运运营企业的运行过程进行监督与检查，对客运线路的经营效率、服务质量等进行评估，对运营资质达不到要求、运营过程中发生严重违法行为和特大、重大交通责任事故的运输经营者，要责令其退出市场，收回有关运输经营证件，建立优胜劣汰的市场机制。

9.5 低碳节能政策

2011 年 3 月，交通部关于印发《建设低碳交通运输体系指导意见》和《建设低碳交通运输体系试点工作方案》，提出“十二五”时期加快建设以低碳排放为特征的交通运输体系，使低碳交通运输体系的建设成为资源节约型、环境友好型行业建设的新亮点和新突破。

为推进苏北农村客运节能减排，建设资源节约型、环境友好型农村客运示范线，苏北地区交通管理部门应制定科学的农村客运运力发展规划，采取宏观调控措施，大力调整运力结构，鼓励使用柴油车、新能源车，支持和鼓励更新、淘汰老旧车辆，严格控制高油耗、低等级、安全性能差的客车进入运输市场。

9.6 强化监管政策

(1) 大力打击非法营运，维护正常的市场秩序

由于农村客运市场基础比较薄弱，给“黑车”以可乘之机，各级管理部门应根据“疏堵结合”原则，一方面严厉打击货运车辆、摩托车、微型面包车等非法载客经营行为，另一方面从以人为本的角度出发，对于那些经过实践证明群众确有需要，且基本符合营运条件的社会自备车辆加以规范和引导，通过培训、考核，吸收符合条件的“黑车”司机从事城乡客运服务，纳入行业管理。

(2) 加强城乡客运服务标准和规范建设

在大力打击非法营运的同时，加强对行政村实际通车情况和乡镇客运站的监管，建立客运公司相应的服务承诺考核制度。明确要求各地发展的镇村公交必须具备公司化以及“五定四统一”(定线路、定班次、定时间、定站点、定票价，统一排班、统一调度、统一管理、统一结算)等基本建设要求。组织开展城乡客运服务质量考评试点，将考核结果和财政补贴金额挂钩。

(3) 加强安全生产监管，健全应急反应机制

强化安全、服务意识，使经营者始终把提高服务质量，满足人们出行需要放在首位，处理好企业经济效益和社会责任之间的关系。

(4) 推进技术创新

推进市、县客运站以及乡镇客运站实现联网售票，积极推广 GPS 调度系统、IC 卡系统和电子站牌，加快建立城乡客运服务信息查询系统。

9.7　农村客运安全管理政策

(1) 提升农村居民交通安全意识

农民交通安全意识薄弱，随意行走；机动车驾驶员，有的根本没有参加过正式技术培训考试，交通安全知识缺乏，操作技术和防范技能较差，是交通安全悲剧发生的主要根源。需要加强交通安全教育，增强农村居民交通安全意识和法制观念。

(2) 加强农村公路养护管理

农村道路建设标准低是由于受资金和自然条件的限制，在道路建设时因资金投入不足，导致所建道路质量差、标准低，使用时间不长就出现路基变形、路面损坏、桥梁塌陷等严重问题，给农村道路交通安全埋下了隐患。

农村公路管理养护体制上，按照“统一领导、以县为主”的原则，建立和完善农村公路管理养护体制，筹集农村公路养护资金，落实农村公路管理养护责任。

(3) 落实农村客运企业安全生产责任制

督促客运企业落实安全生产主体责任、建立健全安全生产责任制，加强对企业安全管理人员和从业人员的教育培训考核，开展安全生产自查自纠工作，及时发现和消除事故隐患。对在检查中发现的不具备安全运营条件、安全管理混乱、存在重大安全隐患的客运企业，依法责令停业整顿，整顿仍不达标的，依照相关规定取消相应经营资质。

(4) 强化农村道路运输安全检查

农村客运安全是道路运输安全中的薄弱环节，应引起高度重视。从事农村客运的车辆要符合《营运车辆综合性能要求和检验办法》(GB18565-2001)等国家标准的规定，防止非客运车辆、报废车辆进入农村客运市场；严厉打击超载行为，坚决制止农村客运车辆严重超载现象；开展经营者安全意识培训，建立诚信考评制度，并制定相应的奖惩措施。

9.8 本章小结

推进农村居民出行服务体系建设是时代赋予的民生工程，是城乡统筹发展的主要组成部分，是城市化进程和城乡发展的必然趋势，但农村居民出行服务体系建设也是一个庞大的系统工程，涉及面广，所以，推进农村居民出行服务体系建设除交通部门的攻坚克难、积极推进外，更需要政府的重视、财政的支撑、社会的助推和各部门的配合。

面对起步低、发展晚、基础弱、群众要求迫切的苏北农村客运交通现状，更需要政府管理部门以推进城乡道路客运基本公共服务均等化和保障城乡居民“行有所乘”为目标，以转变城乡道路客运发展方式为主线，坚持“政府主导、财政投入为主”的原则，将农村居民出行服务体系建设作为为民办实事的重大工程，充分发挥政府主导和部门联动、政策引导和市场互动的组合作用，从整体上解决农村地区农民的出行问题，努力为农村居民提供安全、便捷、经济、高效的出行服务。

附表

附表 1　农村居民出行情况调查

＿＿＿＿＿县＿＿＿＿＿街道(乡镇)＿＿＿＿＿＿村(社区)＿＿＿＿号

家庭特征(户主姓名:＿＿＿＿＿＿　户主联系电话:＿＿＿＿＿＿＿＿)

1. 家庭详细地址:＿＿＿＿＿＿＿＿＿＿＿＿＿＿＿＿＿＿家庭所在社区编码:＿＿＿＿＿＿
2. 实住人口:＿＿＿＿人,其中:6 周岁及以上人口:＿＿＿＿人;暂住人口:＿＿＿＿人。
3. 家庭年总收入(划"√"):

① <1 万元;　② 1 万～2 万元;　③ 2 万～5 万元;　④ 5 万～10 万元;　⑤ >10 万元。

4. 家庭拥有交通工具:

① 自行车＿＿辆;② 电动车＿＿辆;③ 摩托车＿＿辆;④ 私人小汽车＿＿辆;⑤ 其他车辆＿＿辆。

个人特征(由调查员问询,并根据 6 周岁及以上家庭成员的回答填写)

5. 性别(划"√"):① 男　② 女
6. 年龄:＿＿＿＿周岁
7. 职业(划"√"):① 农民　② 工人　③ 教师　④ 中小学生　⑤ 公务员　⑥ 医务人员、文艺体育人员　⑦ 商业、服务人员　⑧ 企事业单位职员　⑨ 司机　⑩ 离退休人员　⑪ 其他
8. 是否为常住人口(划"√"):① 是　② 否

出行特征(20＿＿＿年＿＿＿月＿＿＿日凌晨 4:00 至当日 22:00)(由调查员询问,并根据 6 周岁及以上家庭成员的回答填写)

次序	9. 出发地性质编号	10. 出发时间(24 h)	11. 出行目的编号	12. 交通方式编号	13. 到达地性质编号	14. 到达时间(24 h)	15. 出行距离	备注
1								
2								
3								
4								
5								
6								
7								
8								
9								

续表

次序	9. 出发地性质编号	10. 出发时间(24 h)	11. 出行目的编号	12. 交通方式编号	13. 到达地性质编号	14. 到达时间(24 h)	15. 出行距离	备注
10								
11								
12								
13								
14								
15								
16								
17								
18								

填表说明

1. 一次出行定义:凡居民出行步行5分钟(距离400 m以上),或采用交通工具完成一次有目的的出行活动。注:使用营运车辆执行任务的出行,同行政村内或建筑物内的移动不计入出行。
2. 家庭中6周岁及以上居住人口每人对应填写一张表格,但家庭特征栏仅在户主调查表中填写。
3. 出发地、到达地的地址要填写详细,以准确编码。
4. 出发地和到达地性质、出行目的、交通方式按照说明认真填写编号。
5. 如果一日出行次数超过10次,请在表格上注明见背面,然后在背面填写。
6. 请用蓝色或黑色的签字笔、圆珠笔或钢笔填写,不得用铅笔或红色笔填写。
7. 出行特征栏中的社区编码由编码员填写,其余所有表内阴影框为调查员填写内容。

9. 出发地性质	13. 到达地性质	11. 出行目的		12. 主要交通方式	
① 居住(住宅)	⑧ 中小学校	① 上班	⑥ 购物餐饮	① 步行	⑥ 农村客运车
② 工业(工厂)	⑨ 仓库货场	② 上学	⑦ 文体娱乐	② 自行车	⑦ 城郊公交
③ 宾馆、旅馆	⑩ 建筑工地	③ 接送小孩	⑧ 探亲访友	③ 电动车	⑧ 私人小汽车
④ 集贸市场	⑪ 汽车站	④ 回家	⑨ 看病探病	④ 公交车	⑨ 单位客车
⑤ 商业、餐饮业	⑫ 医疗卫生	⑤ 公务	⑩ 其他	⑤ 摩托车	⑩ 其他
⑥ 金融保险	⑬ 港口				
⑦ 行政办公	⑭ 其他				

编码：__________

附表 2 城市公交、农村客运基本情况调查表

填表单位(盖章):____________ 填表日期:

类别	企业数(家)	其中,兼有农村客运(城市公交)企业数(家)	客运量(人次/年)	线路数(条)			线路里程数(公里)			特许经营模式
				市区内(城区至镇/村线路)	延伸至郊区(跨镇线路)	延伸至乡镇(镇内线路)	市区内(城区至镇/村线路)	延伸至郊区(跨镇线路)	延伸至乡镇(镇内线路)	
城市公交										□ 区域专营 □ 线路专营 □ 传统经营 □ 其他
农村客运										□ 区域专营 □ 线路专营 □ 传统经营 □ 其他
票价及其定价机制										

填表人: 联系电话:

注:1. 区域专营是指按照一定原则,将所辖区域划分为若干个区域,每个区域客运线路按照一定的经营条件和期限交由一家客运企业经营。

2. 线路专营是指按照一定的经营条件和期限,将一条线路交由某家企业来经营。

附表 3　城市公交与农村客运线路情况调查表

填表单位(盖章)：________　　　　填表日期：

序号	行政区划	名　称	城/乡类别	常住人口(万人)	城市公交				农村客运				备注
					途经线路数(条)	日均发班次数(班/天)	最早首班时间	最晚末班时间	途经线路数(条)	日均发班次数(班/天)	最早首班时间	最晚末班时间	
1	地市		建成区										
	县市城区		城镇										
			郊区										
2	其他乡镇		城镇										
			农村										
3			城镇										
			农村										

填表人：　　　　联系电话：

附表 4　农村客运站场数量及其覆盖情况调查表

填表单位(盖章)：__________　　　　填表日期：

序号	行政区划	名　称	城/乡类别	农村客运站(个)		候车亭(个)		招呼站(个)	行政村数(个)			300 人以上自然村数(个)		
				总数	兼作城市公交站场数	总数	兼用城市公交站场数		总数	设有农村客运站点		总数	设有农村客运站点	
										1 000 米范围内	500 米范围内		1 000 米范围内	500 米范围内
1	地市		建成区											
	县市城区		城镇											
			郊区											
2	其他乡镇		城镇											
			农村											
3			城镇											
			农村											

填表人：　　　　联系电话：

附表 5 农村客运站场建设投资情况调查表

填表单位(盖章):____________ 填表日期:

项目		建设投资金额(万元)							站场建设与管理主体(管理站场个数)			
		总投资(万元)	政府投资			自筹			政府	企业	政府所有企业营运	其他方式(文字说明)
			省	市	县	乡镇	运输企业	其他				
农村客运	乡镇客运站											
	候车站(亭)											
	招呼站											

填表人: 联系电话:

注:1. 根据站场的实际投资情况,在“建设投资金额”栏目填写各方出资总金额。

2. 根据站场实际投资建设与营运管理情况,在“站场建设与管理主体”栏目填写相应的站场数。

附表 6　农村公路及其通达情况调查表

填表单位(盖章)：____________　　　　　　填表日期：

<table>
<tr><td rowspan="3">项目</td><td colspan="3">技术等级</td><td colspan="3">路面宽度</td><td colspan="3">行政村数(个)</td><td colspan="3">300 人以上自然村数(个)</td><td rowspan="3">300 人以上的自然村 500 m 范围内通农村公路需新建农村公路里程(公里)</td></tr>
<tr><td rowspan="2">三级及以上</td><td rowspan="2">四级</td><td rowspan="2">等外</td><td rowspan="2"><4.5 m</td><td rowspan="2">4.5 m≤路面<6.0 m</td><td rowspan="2">≥6.0 m</td><td rowspan="2">总数</td><td colspan="2">已通公路个数</td><td rowspan="2">总数</td><td colspan="2">已通公路个数</td></tr>
<tr><td>1 000 m 范围内通达</td><td>500 m 范围内通达</td><td>1 000 m 范围内通达</td><td>500 m 范围内通达</td></tr>
<tr><td>农村公路</td><td></td><td></td><td></td><td></td><td></td><td></td><td></td><td></td><td></td><td></td><td></td><td></td><td></td></tr>
<tr><td>农村公路建设与发展规划情况说明</td><td colspan="13"></td></tr>
</table>

填表人：　　　　　　联系电话：

附表 7　农村客运营运车辆基本情况调查表

填表单位(盖章)：____________　　　　　　　　　　　填表日期：

<table>
<tr><th colspan="4">项目</th><th>城市公交</th><th>农村客运</th><th>出租车</th></tr>
<tr><td rowspan="16">车辆数（辆）</td><td colspan="3">车辆总数</td><td></td><td></td><td></td></tr>
<tr><td rowspan="3">车型</td><td colspan="2">大型客车</td><td></td><td></td><td>/</td></tr>
<tr><td colspan="2">中型客车</td><td></td><td></td><td>/</td></tr>
<tr><td colspan="2">小型客车</td><td></td><td></td><td>/</td></tr>
<tr><td rowspan="4">经营方式</td><td colspan="2">自营</td><td></td><td></td><td></td></tr>
<tr><td colspan="2">承包</td><td></td><td></td><td></td></tr>
<tr><td colspan="2">挂靠</td><td></td><td></td><td></td></tr>
<tr><td colspan="2">其他</td><td></td><td></td><td></td></tr>
<tr><td rowspan="2">车辆设施</td><td colspan="2">安装 GPS</td><td></td><td></td><td></td></tr>
<tr><td colspan="2">安装空调</td><td></td><td></td><td></td></tr>
<tr><td rowspan="6">燃料</td><td colspan="2">汽油</td><td></td><td></td><td></td></tr>
<tr><td colspan="2">柴油</td><td></td><td></td><td></td></tr>
<tr><td rowspan="3">清洁能源</td><td>LPG</td><td></td><td></td><td></td></tr>
<tr><td>LNG</td><td></td><td></td><td></td></tr>
<tr><td>CNG</td><td></td><td></td><td></td></tr>
<tr><td colspan="2">无轨电车</td><td></td><td></td><td></td></tr>
</table>

填表人：　　　　　　　　　　　　　　　　　　　联系电话：

注：表中大型客车、中型客车、小型客车表示车长依次为≥9 m、9 m>车长≥6 m、<6 m的客车。

参考文献

[1] 过秀成，胡斌，陈凤军. 农村公交线网规划布局设计方案探讨. 公路交通科技，2002(4)：12-15

[2] 石飞，陆建，王炜. 居民出行调查抽样率模型[J]. 交通工程学报，2004(4)：72-75

[3] 马书红，周伟. 城乡一体化与县域公路交通发展的思考[J]. 交通标准化，2004(09)：31-35

[4] 左勇翔. 关于加快农村客运网络建设的思考. 交通企业管理，2005(11)：19-20

[5] 杨晓光，伍速锋，云美萍. 日常出行中的交通信息有效性仿真研究. 计算机工程与应用，2007(4)：12-15

[6] 史兰兴. 谈农村客运发展中存在的问题及对策. 交通企业管理，2007(05)：32-32

[7] 翁明杰. 发展农村客运　推进新农村建设[J]. 交通世界，2007(10)：36-37

[8] 顾志兵. 农村客运线网布局规划及班线配置方法研究：[学位论文]. 东南大学，2007

[9] 张博. 通村公交规划方法初探[J]. 湖南交通科技，2007，(03)：184-187

[10] 张斌，陈爽. 城乡公交一体化模式选择分析[J]. 交通标准化，2007(01)：152-154

[11] 袁彩霞，李宜春，任青. 关于农村客运公交化问题的分析. 公路与汽运，2008(03)：48-50

[12] 蒋佩珊. 农村客运发展规划研究：[学位论文]. 西南交通大学，2009

[13] 伍国权. 农村道路客运公司化经营模式探索. 交通企业管理，2009(04)：18-19

[14] 张健钦，陆锋，王刚，杜勇. Agent 技术在交通管理与出行服务中的应用. 计算机工程与应用，2009(16)：238-241

[15] 冯忠祥. 农村人口出行特征及运力结构分配模型研究：[学位论文]. 长安大学，2010

[16] 张丰焰. 城乡统筹导向下的农村公路客运发展问题研究：[学位论文]. 长安大学，2010

[17] 陈玉永，朱艳茹. 苏北农村居民出行特征分析及交通对策研究. 交通标准化，2013(7)：17-19

[18] 周君. Quality Evaluation of Rural Residents Transportation. IEEE，2012：187-191

[19] 周君. 基于时空马尔科夫随机场交通参数采集系统研究. 计算机科学，2013(10)：292-295

[20] 胡思涛，朱艳茹. 江苏省农村公路交通事故特征分析. [会议论文]2013：30-33